LOS DEPORTES ELECTRÓNICOS

EMILIO ROMÁN ZAVALETA

LOS DEPORTES ELECTRÓNICOS

UNIVERSIDAD ANÁHUAC
VINCE IN BONO MALUM
MÉXICO

LID

MADRID | CIUDAD DE MÉXICO | BUENOS AIRES | BOGOTÁ
LONDRES | SHANGHÁI

Colección Acción Empresarial
LID Editorial Mexicana S. A. de C. V.
Homero 109, 1404, Colonia Chapultepec Morales,
México, Ciudad de México, 11570
Tel. +52 (55) 5255-4883
mexico@lidbusinessmedia.com - LIDeditorial.com - LIDlibros.com

A member of:
BPR
businesspublishersroundtable.com

ISBN libro impreso: 978-607-69989-9-1
ISBN e-book: 978-607-26812-2-4
Editora de la colección: Claudia Herrán Monedero
Corrección de estilo y de pruebas: Anastasia Rodríguez y Karla Martínez
Diseño de portada: Juan Ramón Batista Pérez
Maquetación de forros: Javier Perea
Diseño de interiores: produccioneditorial.com

Primera edición: enero de 2025

Índice

Introducción. 1
1. Breve recuento histórico de los deportes electrónicos. . 7
2. Marco legal de la propiedad intelectual 11
2.1 Tratados internacionales relevantes en materia de propiedad industrial 18
2.2 Tratados internacionales relevantes en materia de derechos de autor 20
3. Marco constitucional de la propiedad intelectual 25
4. Breve recuento histórico de la legislación en materia de derechos de autor y propiedad industrial en México 47
4.1 Autoridades competentes en derechos de autor y propiedad industrial 52
5. Áreas jurídicas de oportunidad en materia de deportes electrónicos. 61
5.1 Propiedad industrial. 62
5.1.1 Signos distintivos 62
5.1.2 Las marcas y su regulación en los deportes electrónicos 62
5.1.3 Los avisos comerciales y su regulación en los deportes electrónicos 78
5.1.4 Publicidad a través de videojuegos o *advergaming*. 80

5.2 Derechos de autor y derechos conexos 83
5.2.1 Derechos morales y derechos patrimoniales 92
5.2.2 Programas de cómputo y su regulación en los deportes electrónicos 98
5.2.3 Derechos conexos y su regulación en los deportes electrónicos 113
5.2.4 Contratación y registro conforme a las normas de derechos de autor y la propiedad industrial 118
6. Otros derechos de propiedad intelectual 133
6.1 Reservas de derechos 134
6.2 Derecho a la propia imagen 140
6.2.1 Contratación relativa a la propia imagen ... 155
6.2.2 El derecho de arena 158
7. Marco legal del derecho laboral y prestación de servicios en los deportes electrónicos 165
8. La obra por encargo 171
Conclusiones 173
Bibliografía 175

Introducción

La creatividad del ser humano pareciera infinita. Ya para el bien, ya para el mal, el ser humano ha probado inmensos recursos para generar ideas y objetivarlas. El hombre puede personificarse en fuente de inspiración o en un monstruo, tenemos los ejemplos de un Leonardo da Vinci o de un François Duvalier, de sor Juana Inés de la Cruz o de Elizabeth Báthory. Podemos idear instrumentos de tortura o la cura de enfermedades mortales, las posibilidades han probado ser vastas, y más aún, al día de hoy, gracias a las nuevas tecnologías, esa creatividad se ha trasladado al cómputo, al Internet, a las redes sociales, a las aplicaciones, a la robótica y a un sinnúmero de tecnologías que surgen día a día, en ocasiones efímeramente dado el desenfrenado ritmo con el que la tecnología cae en la obsolescencia, para abrir paso a nuevas soluciones en el ámbito tecnológico.

Y si nos referimos a la tecnología enfocada a satisfacer requerimientos esenciales del ser humano, es igualmente válido hacer mención de la tecnología enfocada en el ocio, destinada a satisfacer o emplear el tiempo libre, es decir, el tiempo en que el ser humano elige distraerse a través del uso de alguna aplicación o programa de cómputo como los deportes electrónicos o también llamados *e-sports*. No obstante lo anterior, considerar que los deportes electrónicos son un mero medio de distracción no es del todo atinado, toda vez que para miles de personas alrededor del mundo los *e-sports* han pasado de ser meros distractores o modos de diversión a ser una forma de vida. En la actualidad existen personas, en su mayoría jóvenes, que consideran a los deportes electrónicos un *modus vivendi,* a dichas personas se les conoce como *gamers,* incluso *pro-gamers,* dependiendo del grado de destreza, popularidad o del hecho de haber sido "fichado" para un equipo profesional de *e-sports,* ya que los deportes electrónicos están en proceso de convertirse en una especie de profesión por demás remunerativa. En pocas palabras, las generaciones de mayor edad requerimos desechar la conservadora idea de que los *e-sports* son una actividad desplegada por ociosos fanáticos de la tecnología o *geeks,* para convencernos de que estamos en presencia de una industria multimillonaria que está encaminada a convertirse en el negocio más rentable relacionado con los deportes.

Los deportes electrónicos se deben entender como competencias en torno a videojuegos entre personas que tienden a la profesionalización. Las estadísticas son abrumadoras, en 2014 se calculó que 12 millones de personas siguieron, presencial o remotamente, dichas justas; sin embargo, para el año 2017 se calculó una audiencia de más de 106 millones de personas que estuvieron siguiendo una final de juegos electrónicos, cifra que superó los niveles de audiencia de la serie mundial de beisbol, la final de la NBA y el súper tazón de futbol americano. Se prevé que el mercado de los deportes electrónicos supere los 6,000 millones de dólares estadounidenses para fines de 2028, debido a los patrocinios, al uso creciente de teléfonos inteligentes y a la introducción de la realidad virtual y la inteligencia artificial, creciendo los ingresos globales de esta disciplina hasta siete veces para el referido año 2028. Un factor favorable para este crecimiento de los *e-sports* tuvo lugar con el advenimiento de la pandemia de COVID-19, cuando disminuyó la actividad deportiva al aire libre.

Los *e-sports* cuentan ya con más de 260 millones de entusiastas en todo el mundo. El último informe de la consultora Newzoo asegura que el año 2022 cerró con 261 millones de entusiastas o practicantes en todo el mundo, 8.8% más que el año 2021, y que esa cifra superará los 318 millones en 2025.[1]

Ante este panorama, la ciencia del derecho está en el requerimiento de actuar para regular este fenómeno en las diversas aristas que genera, y en el marco de la propiedad intelectual se advierten supuestos que deben ser analizados desde una protección acumulada, toda vez que en el tema se deberán estudiar los derechos de autor, así como de la propiedad industrial. Efectivamente, es claro notar que un juego electrónico es un programa de cómputo susceptible de ser protegido desde el ámbito de una obra literaria, al igual que los personajes o animaciones de los juegos electrónicos que son obras artísticas reconocidas como dibujos, los cuales pueden ser protegidos también bajo el manto de las reservas de derechos como personajes ficticios o simbólicos. Asimismo, los contendientes de juegos electrónicos, individuos que han alcanzado fama y notoriedad, están en condiciones de proteger sus nombres como marcas o inclusive como nombres artísticos, al igual que los propios equipos de *gamers* que, tal y como acontece con los grandes equipos de futbol profesional, llevan a cabo contrataciones espectaculares erogando para tales efectos sumas de dinero extraordinarias. En otros derechos de propiedad intelectual, en sentido estricto, los contendientes en los juegos electrónicos podrán proteger su imagen, y por lo que se refiere a derechos conexos, las industrias culturales a través de los derechos de edición pueden encontrar protección a sus desarrollos.

Al día de hoy, Twitch, subsidiaria de Amazon, se ha convertido en la plataforma más grande de *streaming* de videojuegos y de entretenimiento con más visitas. Desde su origen, se ha especializado en la retransmisión de partidas de *e-sports* al igual que de contenidos musicales y charlas de personajes relacionados con esta disciplina. De hecho, importantes clubes deportivos como Real Madrid, Paris St. Germain o Arsenal cuentan con su propio canal en Twitch, plataforma que se define de la siguiente manera: "Twitch es donde millones de personas se reúnen en directo a diario para charlar, interactuar y crear juntos su propio entretenimiento". En mayo de 2022, el número de canales activos superó los 7.2 millones, y se produjo el pico más alto en enero de 2022, con 8.5 millones.[2]

Sobre la base anterior, en esta obra se abordará brevemente la historia de los deportes electrónicos, el marco legal de la propiedad intelectual y los tratados internacionales relevantes en la materia; asimismo se realizará una somera revisión al marco constitucional de la propiedad intelectual, incluyendo un breve recuento histórico de la legislación en materia de propiedad industrial y de derechos de autor en México. Enseguida se abordará el tema de las áreas jurídicas de oportunidad o susceptibles de explorar en materia de deportes electrónicos, y al analizar la propiedad industrial, se estudiarán los signos distintivos como las marcas y los avisos comerciales aplicables a los deportes electrónicos. Igualmente, a la luz de los derechos de autor y derechos conexos, se analizarán los programas de cómputo y su regulación en los deportes electrónicos como obras relevantes para la materia, así como su contratación y registro conforme a las normas aplicables, y se estudiará el tema de los "otros derechos de propiedad intelectual", como las reservas de derechos, el derecho a la propia imagen; en el ámbito doctrinal, se discutirá el concepto de derecho de arena y sus posibilidades a la luz de la normatividad actual. Finalmente, se cerrará este estudio abordando de manera breve el marco legal del derecho laboral aplicable a los sujetos involucrados en esta actividad.

Cabe hacer mención de que se detectan otras materias jurídicas que pueden relacionarse con los deportes electrónicos, como el caso del derecho fiscal, al hablar, por ejemplo, de ganancias derivadas de actividades profesionales y de las correlativas obligaciones de pagar impuestos de acuerdo con el nivel salarial conforme a las leyes fiscales, para tratar de evitar la doble tributación. Asimismo, tenemos al derecho deportivo, una materia jurídica regulada a partir del décimo tercer párrafo del artículo 4o. constitucional y la Ley General de Cultura Física y Deporte, entre cuyas finalidades destaca "fomentar el óptimo, equitativo y ordenado desarrollo de la cultura física y el deporte en todas sus manifestaciones y expresiones". Sin embargo, por exceder la materia de estudio de la presente obra, estos tópicos no se abordarán, pero se abre la posibilidad (y se hace una invitación) para que especialistas en las diversas materias jurídicas puedan explorar temas de estudio relacionados.

Notas

[1] Disponible en: *https://www.forbes.com.mx/los-esports-cuentan-ya-con-mas-de-260-millones-de-entusiastas-en-todo-el-mundo/*

[2] Disponible en: *https://marketing4ecommerce.net/que-es-y-como-funciona twitch/#Situación%20actual%20de%20la%20plataforma*

1

Breve recuento histórico de los deportes electrónicos

Los *e-sports* tienen su antecedente en la década de 1970 con la consola denominada Pong, versión comercial del juego *Tennis for Two*, sistema diseñado por Al Alcorn para Nolan Bushnell de Atari. Durante los años siguientes se desarrollaron numerosos avances tecnológicos en los videojuegos (entre los que destacan los microprocesadores y los chips de memoria). Asimismo, fueron de gran impulso para popularizar estos juegos, los locales comerciales-recreativos en donde se jugaron ávidamente los juegos *Space Invaders* o *Asteroids*. En la década de 1980 aparecieron las videoconsolas como Intellivision, de Mattel; ColecoVision, de Coleco; Atari 5200 y Commodore 64, en las que se emplearon juegos como *Pac-Man* (Namco), *Battlezone* (Atari), *Pole Position* (Namco), *Tron* (Midway), *Zaxxon* (Sega), entre otros.[3] Para este momento, paralelamente a la comercialización de las consolas de videojuegos, se vendían u ofertaban los cartuchos intercambiables de videojuegos con los cuales los usuarios diversificaron el entretenimiento. Dentro de los cartuchos intercambiables de videojuegos más populares se pueden mencionar, entre otros, *Yars' Revenge, Donkey Kong Jr., Frogger,* el célebremente malogrado *E.T., Chopper Command* o *Popeye.*

Las primeras competencias de deportes electrónicos de las cuales se tiene registro son las de 1981 con la consola Atari, y en 1997 con el juego *Red Annihilation,* en las que se comenzaron a ofrecer premios atractivos a los triunfadores de dichas contiendas. No fue sino hasta 2011 que el fenómeno en estudio comienza a ser masivo, no sólo por las personas que practican los deportes electrónicos en forma *amateur* y profesional, sino por las multitudes que asisten a estadios o auditorios a presenciar dichos torneos, como lo hacen los aficionados del futbol o del beisbol, incluso hay cadenas de *e-sports* que están transmitiendo para Internet, como ESPN en Estados Unidos o Marca en España.

Con 191 millones de seguidores calculados en el año 2017, las competencias de videojuegos se han vuelto una profesión muy rentable, tan sólo en 2016 los *e-sports* facturaron 438 millones de euros, y en 2017 su facturación ascendió a 619 millones de euros; se estima que en 2022 los ingresos de este mercado podrían alcanzar los 2,300 millones de dólares estadounidenses, lo que supone un incremento de más de 700 millones respecto a la cifra registrada en 2017.[4] Se calcula que en 2017 había aproximadamente 17,360 jugadores de *e-sports* activos en el mundo, lo que significó un incremento de alrededor de 1,935 personas respecto al número registrado en el año anterior.[5]

Asimismo, se prevé que en 2024 los deportes electrónicos que no sean de contenido violento estarán considerados como deporte olímpico, dado que el Comité Internacional de *Gamers* (IEGC) y el Comité Olímpico Internacional (COI) buscan acceder a las nuevas generaciones por medio de los *e-sports.* Asimismo, tenemos que los jugadores (conocidos en el ambiente como *gamers*) se han vuelto auténticas celebridades, entre los más notorios destacan KuroKy, Faker, Sinatraa, Karma, NEO, Universe, Promise o el exintegrante de la *boyband* CD9, Brian Mouque. Los juegos más famosos son *League of legends, FIFA, PES, Warcraft III, Injustice 2, Overwatch,* entre otros.[6] Son tan promisorias las contiendas electrónicas, que clubes deportivos y universidades como la Católica de Chile, la Robert Morris o el club alemán Schalke 04 han establecido programas de becas y capacitación para *gamers* destacados.

A la par del crecimiento espectacular de dichas contiendas electrónicas, en torno a éstas se han generado graves problemas que van desde ludopatías de aficionados,[7] intervención del crimen organizado, amaños de contiendas e inclusive problemas de dopaje.[8]

En concreto, ¿qué son los deportes electrónicos? Para Rodrigo Riquelme, reportero de tecnología del periódico *El Economista,* se trata de

> una actividad en la que dos o más jugadores interactúan y, en general, compiten, de manera *amateur* o profesional, en un videojuego. Las competencias de este tipo de deportes pueden llevarse a cabo de forma remota o presencial. Todos los eSports son videojuegos, pero no todos los videojuegos son eSports. Resulta clave hacer esta diferencia cuando se trata el tema de deportes electrónicos, un fenómeno que lleva más de cuatro décadas forjando una comunidad de jugadores, aficionados, medios y patrocinadores que lo han conducido a convertirse en una industria millonaria. Aunque en sentido estricto, cualquier videojuego puede formar parte de un encuentro de deportes electrónicos, los tipos de videojuego más usados en las competencias y torneos de eSports son:
>
> - Juegos multijugador de arena de batalla (MOBA, por su sigla en inglés)
> - Juegos deportivos: futbol soccer, futbol americano, basquetbol
> - Juegos de pelea
> - Juegos de estrategia en tiempo real
> - Juegos de disparo en primera persona
> - Juegos de rol multijugador masivos en línea (MMORPG).[9]

Considero que los deportes electrónicos son una disciplina deportiva que se despliega competitivamente por personas a nivel profesional sobre un programa de cómputo lúdico, que atrae a aficionados para admirar las estrategias, estilos y proezas que se desarrollan y exhiben en la arena electrónica. No encuentro mayor diferencia entre los *e-sports* y otras disciplinas deportivas que privilegian la estrategia o la astucia sobre la fortaleza física, por ejemplo, el *curling* o el golf.

Notas

[3] Disponible en: *https://www.fib.upc.edu/retro-informatica/historia/videojocs.html,* s. f.

[4] Disponible en: *https://es.statista.com/estadisticas/711508/ingresos-anuales-del-mercado-de-esports-a-nivel-mundial/*

[5] Disponible en: *https://es.statista.com/estadisticas/714337/numero-de-jugadores-de-esports-activos-en-el-mundo/*

[6] Véase Camacho, Salvador, Apuntes de la materia "E-sports", Maestría en Propiedad Industrial, Derechos de Autor y Nuevas Tecnologías, Módulo: Nuevas Tecnologías, México, Universidad Panamericana, diciembre de 2017.

[7] Disponible en: *https://www.nytimes.com/2015/07/24/technology/drug-testing-is-coming-to-e-gaming.html*

[8] *Ídem.*

[9] Disponible en: *https://www.eleconomista.com.mx/tecnologia/que-son-los-esports-20200207-0058.html*

2

Marco legal de la propiedad intelectual

La propiedad intelectual, en sentido amplio, es una rama del derecho que cuenta con autonomía legal y didáctica que se divide en dos ramas o vertientes jurídicas, éstas son: propiedad industrial y derechos de autor. Es curioso observar que por mucho tiempo a la propiedad industrial se le trató como una rama auxiliar del derecho mercantil, baste observar por ejemplo textos clásicos de la materia, como el caso de la obra *Derecho mercantil,* de Roberto Mantilla Molina, que estudia someramente a la propiedad industrial en un apéndice.[10] Las obras del espíritu o emanadas del ingenio humano se pueden categorizar, en primer lugar, en las producciones literarias, artísticas, científicas, entre otras (fuentes del derecho autoral, intelectual o de *copyright*) y, en segundo lugar, las invenciones que resuelven requerimientos técnicos dentro del ámbito industrial (fuentes del derecho que versan específicamente sobre creaciones industriales, signos distintivos, etcétera).[11]

Por derechos de autor o propiedad intelectual, en sentido estricto, entendemos al conjunto de normas que regulan los derechos, así como el mantenimiento y defensa de éstos en favor de los autores y sus causahabientes, además de desarrolladores y empresarios que llevan a cabo actos de comercio. Ernesto Gutiérrez y González define al derecho de autor como

> el reconocimiento que hace el Estado a una persona, que crea una idea u obra y la externa a la colectividad, a través de cualquier medio de transmitir el pensamiento, primero como un derecho de la personalidad, por el cual le otorga el reconocimiento y protección jurídica de su creación, estableciendo que la misma llevará su nombre en forma perpetua, y nadie deberá mutilarla o alterarla, y segundo como derecho pecuniario temporal para que sólo él, su creador, pueda explotarla directa o indirectamente, para obtener beneficios pecuniarios lícitos.[12]

Antes de que en 1947 la materia en tratamiento adquiriera autonomía legal por virtud de la promulgación de la ley autoral, los derechos de autor se regularon en el Código Civil para el Distrito Federal en los artículos 1181 a 1280, hoy derogados. El glosario de términos de la Organización Mundial de la Propiedad Intelectual (OMPI) define al derecho de autor como

> el derecho exclusivo concedido por la ley al autor de una obra para divulgarla como creación propia de él, para reproducirla y para transmitirla (distribuirla) o comunicarla al público de cualquier manera o por cualquier medio, y también para autorizar a otros a que la utilicen de maneras definidas. La mayoría de las legislaciones de derecho de autor distinguen entre derechos patrimoniales y derechos morales, que juntos constituyen el derecho de autor. Por regla general, la legislación impone ciertas limitaciones en cuanto a la clase de obras que pueden ser acreedoras a la protección y en cuanto al ejercicio de los derechos de los autores incluidos en el derecho de autor.[13]

La propiedad industrial es una materia de la ciencia del derecho perteneciente al rubro de los derechos de la creación intelectual, pero a diferencia de los derechos de autor, la propiedad industrial se encuentra circunscrita al campo de la industria, el comercio y la prestación de los servicios, por ende, se regula por normas especializadas, entre las que destaca la Ley Federal de Protección a la Propiedad Industrial, cuya aplicación administrativa corresponde al Ejecutivo federal por conducto del Instituto Mexicano de la Propiedad Industrial (IMPI), órgano administrativo desconcentrado de la Secretaría de Economía. Para Carlos Viñamata, propiedad industrial se define como

> el conjunto de derechos que sirven para proteger a personas físicas o morales que desean reservar sus creaciones (patentes, modelos de utilidad, diseños industriales), a distinguir sus productos o servicios de otros de su especie o clase (marcas, denominaciones de origen), proteger la originalidad de sus avisos comerciales, distinguir la identidad de sus establecimientos comerciales, de otros dedicados al mismo giro y que les den derecho también a enajenar dichos bienes inmateriales y a perseguir ante las autoridades competentes a los que infrinjan tales derechos.[14]

A su vez, para Castrejón García,

> las instituciones de Propiedad Industrial reúnen las características esenciales de los derechos reales, o sea, derechos que tiene una persona sobre un bien, y más precisamente la existencia de un sujeto pasivo individualmente determinado contra el cual dirigirse en caso de alguna vulneración a tales derechos. La propia ley de la materia permite el uso, goce y disposición de las instituciones previstas, dándoles el rango de bienes patrimoniales de su titular, teniendo la naturaleza de un derecho real. En esa tesitura, los sujetos de la Propiedad Industrial serán personas físicas o morales titulares, causahabientes o usuarios autorizados de un bien jurídico protegido por la Propiedad Industrial, mientras que el objeto de la Propiedad Industrial será el bien inmaterial protegido por medio de la figura de las creaciones industriales o signos distintivos.[15]

Un criterio contrario al sostenido por Castrejón García, lo hace Ernesto Gutiérrez y González, quien señala que con la regulación de los diversos códigos civiles,

> se abandona así la calificación de "propiedad" que se le daba al derecho de autor en el Código Civil de 1884 y antes en el de 1870, pues en efecto, este último Código en su Libro II, Título Octavo, Capítulo II y siguientes, del Artículo 1247 al 1387, se ocupó de esta materia con la denominación "propiedad literaria", "propiedad dramática" y "propiedad artística". El Código Civil de 1884 reprodujo la misma terminología en sus artículos 1132 al 1271. ¿Por qué en la Constitución ya no se habla de propiedad literaria, dramática o artística? Sin duda porque algunos redactores del texto constitucional percatados de que el Derecho de autor no es "propiedad" así lo plasmaron en el Texto Máximo [por lo que respecta al] texto constitucional resulta altamente significativo que se conserva la terminología "Privilegios" que usó también el constituyente de 1857, *pero que no representaron los códigos civiles mencionados con violación flagrante de ese Texto Máximo, pues suponían que el criterio correcto era el de Propiedad y no el de Privilegio*[16] (...) y sin embargo el Legislador de 1870 y después el de 1884, dieron al derecho de autor el calificativo de "propiedad" (...) al expedirse en 1928 el Código Civil vigente (...) se designó al derecho de autor con su nombre constitucional de "privilegio", y se eliminó en definitiva el de "propiedad literaria, dramática o artística". Así, el Código Civil de 1928 en su artículo 1182, que se pretendió estaba derogado en esta materia de derechos de autor, dispuso que: "Los autores de obras científicas que llenen los requisitos de que se habla en este título gozarán por 50 años del *Privilegio* de publicarlas, traducirlas y reproducirlas por cualquier medio".[17]

Me permito esquematizar a la propiedad industrial según se presenta en la tabla 1.

Tabla 1. Esquema de la propiedad industrial

Creaciones industriales	**Signos distintivos**	**Represión a la competencia desleal**	**Traspaso de tecnología**
Patentes	Marcas	Infracciones administrativas	Secretos industriales
Modelos de utilidad	Nombres comerciales	Acción de daños y perjuicios	*Know-how*
Diseños industriales	Avisos comerciales	Delitos	*Show-how*
	Denominación de origen		
	Indicaciones geográficas		
Derechos vecinos de la propiedad industrial			
Esquemas de trazado de circuitos integrados			
Variedades vegetales			

El derecho de autor es una materia de la ciencia del derecho que también pertenece al rubro de los derechos de la creación intelectual, la cual implica el reconocimiento estatal en favor de los creadores de obras literarias y artísticas, que abarca las normas de protección para que el autor goce de sus derechos morales y patrimoniales, el reconocimiento de derechos conexos y otros derechos de la propiedad intelectual, como bases de datos no originales, ISBN, ISSN, reservas de derechos o el derecho a la imagen, regulándose por normas especializadas, entre las que destaca la Ley Federal del Derecho de Autor (LFDA), cuya aplicación administrativa corresponde al Ejecutivo federal por conducto del Instituto Nacional del Derecho de Autor, órgano administrativo desconcentrado de la Secretaría de Cultura. Para el maestro David Rangel Medina, el derecho intelectual en sentido restringido se define como un

> conjunto de normas que regulan las prerrogativas y beneficios (y obligaciones) que las leyes reconocen y establecen a favor de los autores y de sus causahabientes por la creación de obras artísticas, científicas, industriales y comerciales (...) atañen al campo de los derechos de autor las cuestiones, reglas, conceptos y principios implicados con los problemas de los creadores intelectuales en su acepción más amplia.[18]

Conforme al artículo 11 de la LFDA, el derecho de autor es el "reconocimiento que hace el Estado en favor de todo creador de obras literarias y artísticas previstas en el artículo 13 de esa Ley, en virtud del cual otorga su protección para que el autor goce de prerrogativas y privilegios exclusivos de carácter personal y patrimonial". Los primeros integran el llamado derecho moral y los segundos, el derecho patrimonial.

El derecho de autor se puede esquematizar de acuerdo con la tabla 2.

Tabla 2. Esquema de los derechos de autor

Derecho moral del autor respecto a sus obras	Derecho patrimonial o pecuniario del autor	Derechos conexos	Otros derechos de propiedad intelectual
Reconocimiento de la calidad de autor Crear y concluir la obra Modificarla o destruirla Mantenerla inédita o publicarla Publicarla con el nombre, por pseudónimo o anónimamente Elegir intérpretes para la obra Colocar o retirar la obra del comercio Exigir se mantenga la integridad de la obra o su título Impedir su reproducción en forma imperfecta o alterada	Facultad de obtener la justa retribución para el autor por la explotación de la obra Publicación Reproducción Traducción Adaptación Ejecución Transmisión	Derechos de artistas intérpretes y ejecutantes Industrias culturales (editoriales, productores de fonogramas, videogramas, organismos de radiodifusión)	Bases de datos Número Internacional Normalizado de Libro (ISBN) Número Internacional Normalizado para Publicaciones (ISSN) Reservas de derechos Derecho a la propia imagen

2.1 Tratados internacionales relevantes en materia de propiedad industrial

Para el maestro Germán Gallegos,[19] un tratado internacional es un "acto jurídico regido por el derecho internacional que entraña el acuerdo de voluntades entre dos o más sujetos de la comunidad internacional (fundamentalmente estados) para crear, transmitir, modificar, extinguir, conservar, certificar y/o detallar derechos y obligaciones". La Convención de Viena sobre el Derecho de los Tratados Internacionales de mayo de 1969, define "tratado" (artículo 2) como un "acuerdo internacional celebrado por escrito entre Estados y regido por el derecho internacional, ya conste en un instrumento único o en dos o más instrumentos conexos y cualquiera que sea su denominación particular".

En el marco del reconocimiento ecuménico a los derechos humanos, la Declaración Universal de los Derechos Humanos es el documento marco para los derechos del hombre. Suscrita y proclamada por la Asamblea General de las Naciones Unidas el 10 de diciembre de 1948 previene, por lo que hace a la materia que aborda el presente trabajo en su artículo 27, lo siguiente:

> 1. Toda persona tiene derecho a tomar parte libremente en la vida cultural de la comunidad, a gozar de las artes y a participar en el progreso científico y en los beneficios que de él resulten.
> 2. Toda persona tiene derecho a la protección de los intereses morales y materiales que le correspondan por razón de las producciones científicas, literarias o artísticas de que sea autora.

Así, respecto a los llamados "derechos humanos nacionales de fuente internacional", acordes con lo establecido por los artículos 1o. y 133 de la Constitución Política de los Estados Unidos Mexicanos, en la materia de propiedad industrial, existen diversos tratados internacionales a los que los Estados Unidos Mexicanos se han adherido. Algunos de los instrumentos internacionales destacados en la materia son los siguientes:

A) CONVENIO DE LA UNIÓN DE PARÍS:[20] Del 20 de marzo de 1883, vigente en México desde 1903, el cual ha tenido revisiones subsecuentes. Es el tratado internacional marco para legislaciones locales en aspectos generales de la propiedad industrial.

B) TRATADO DE COOPERACIÓN EN MATERIA DE PATENTES (PCT):[21] Signado en Washington en 1970, vigente en México desde el 31 de diciembre de 1994. Su objetivo es volver innecesaria la presentación de solicitudes de patentes en cada país en el que se pretenda obtener una patente, por lo tanto, la intención es la de presentar una sola solicitud con requisitos homogéneos y un examen de fondo en un país receptor.

C) ARREGLO DE LISBOA:[22] Suscrito el 31 de octubre de 1958 y vigente en México desde el 23 de marzo de 2001. Busca proteger a nivel internacional a las denominaciones de origen y su registro internacional.

D) CONVENIO DE NIZA:[23] Relativo a la clasificación internacional de productos y servicios para el registro de marcas, del 15 de junio de 1957; México se adhiere hasta el 10 de abril de 2001.

E) ARREGLO DE LOCARNO QUE ESTABLECE UNA CLASIFICACIÓN INTERNACIONAL PARA LOS DIBUJOS Y MODELOS INDUSTRIALES:[24] Suscrito en Locarno, Suiza, el 8 de octubre de 1969 y enmendado el 28 de septiembre de 1979, este Arreglo establece la clasificación de dibujos y modelos industriales ("la clasificación Locarno") en los títulos oficiales que acrediten el depósito o registro de dibujos o modelos industriales en las oficinas competentes de los Estados-Parte, debiendo indicar los números correspondientes a las clases a las cuales pertenezcan los productos en que se plasmen tales creaciones industriales.[25]

F) ACUERDO DE VIENA POR EL QUE SE ESTABLECE UNA CLASIFICACIÓN INTERNACIONAL DE LOS ELEMENTOS FIGURATIVOS DE LAS MARCAS:[26] Suscrito el 1 de octubre de 1985, establece una clasificación para las marcas figurativas ("la clasificación Viena") por medio de las inscripciones de registros y renovaciones de marcas a través de las oficinas competentes de los Estados-Parte, debiendo indicar los números que señalen las categorías, divisiones y secciones de la *clasificación*

Viena a las cuales correspondan los elementos figurativos de las marcas sujetas a registro.[27]

Los anteriores Convenios son administrados por la Organización Mundial de la Propiedad Intelectual (OMPI).[28]

G) ACUERDO SOBRE LOS ASPECTOS DE LOS DERECHOS DE PROPIEDAD INTELECTUAL RELACIONADOS CON EL COMERCIO (ADPIC):[29] Derivado de la Ronda de Uruguay de Negociaciones Comerciales Multilaterales hechas en Marrakech del 15 de abril de 1994, publicado en el *Diario Oficial de la Federación* el 30 de diciembre del mismo año. Éste es un tratado anexo a la Organización Mundial del Comercio (OMC), por tanto, cualquier miembro perteneciente a dicha organización tiene que suscribir y acatar obligatoriamente las disposiciones de los ADPIC. Este acuerdo comercial reconoce relación con el Convenio de París en su artículo 2o.

2.2 Tratados internacionales relevantes en materia de derechos de autor

En relación con los derechos de autor, algunos de los tratados internacionales más relevantes a los que México se ha adherido son:

A) CONVENIO DE BERNA PARA LA PROTECCIÓN DE LAS OBRAS LITERARIAS Y ARTÍSTICAS:[30] Del 9 de septiembre de 1886, vigente en México desde el 24 de enero de 1975. Se trata del instrumento internacional marco de la materia de los derechos de autor, por lo que cualquier acuerdo o regulación posterior será para favorecer a los autores y nunca para perjudicarlos. Los países a los que aplica el Convenio se constituyen en "unión", por lo que sólo los Estados tienen capacidad para obligarse en términos de éste. Entre las obras protegidas destacan las literarias, artísticas, conferencias, obras dramáticas, croquis, cinematográficas. En este instrumento se establece la protección extraterritorial o ausencia de formalidades, lo que implica no registrar obligatoriamente las obras en otros países, ya que el derecho no lo constituye el registro, sino el plasmar la obra en un soporte material en cualquier país.

B) CONVENCIÓN DE ROMA PARA LA PROTECCIÓN DE LOS ARTISTAS INTÉRPRETES O EJECUTANTES, LOS PRODUCTORES DE FONOGRAMAS Y LOS ORGANISMOS DE RADIODIFUSIÓN:[31] De 1961, vigente en México desde el 18 de mayo de 1964, cuyo principal propósito es otorgar trato nacional y protección a artistas, intérpretes o ejecutantes, productores de fonogramas y organismos de radiodifusión.

C) CONVENCIÓN UNIVERSAL DE DERECHO DE AUTOR, REVISADA EN PARÍS EL 24 DE JUNIO DE 1971:[32] Publicada en el *Diario Oficial de la Federación* el día 9 de mayo de 1976. En esta Convención, conforme a su artículo 1o.: "cada uno de los Estados Contratantes se compromete a adoptar todas las disposiciones necesarias a fin de asegurar una protección suficiente y efectiva de los derechos de los autores o de cualesquiera otros titulares de estos derechos, sobre las obras literarias, científicas y artísticas tales como los escritos, las obras musicales, dramáticas y cinematográficas y las de pintura, grabado y escultura".

D) TRATADO DE LA OMPI SOBRE DERECHO DE AUTOR (WCT):[33] De 1996, publicado en el *Diario Oficial de la Federación* el día 15 de marzo de 2002. Conforme a la OMPI, "se trata de un arreglo particular adoptado en virtud del Convenio de Berna que trata de la protección de las obras y los derechos de sus autores en el entorno digital. Además de los derechos reconocidos en el Convenio de Berna, se conceden determinados derechos económicos. El Tratado también se ocupa de dos objetos de protección: i) los programas de computadora, con independencia de su modo o forma de expresión, y ii) las compilaciones de datos u otros materiales ("bases de datos").[34]

Este tratado refuerza la tendencia seguida por la legislación mexicana en el sentido de considerar a los programas de cómputo como obras literarias y no como materia de patentes.

E) CONVENIO PARA LA PROTECCIÓN DE LOS PRODUCTORES DE FONOGRAMAS CONTRA LA REPRODUCCIÓN NO AUTORIZADA DE SUS FONOGRAMAS (CONVENIO DE GINEBRA SOBRE FONOGRAMAS):[35] Del 29 de octubre de 1971, en vigor el 18 de abril de 1973, este Convenio fue trazado para reforzar los derechos reconocidos en el artículo 10 de la Convención de Roma, contemplando un marco de derechos básicos en favor de productores de fonogramas con el ánimo de combatir la importación y distribución no autorizada de fonogramas.[36]

F) TRATADO DE LA OMPI SOBRE INTERPRETACIÓN O EJECUCIÓN Y FONOGRAMAS (WPPT):[37] Adoptado en Ginebra el 20 de diciembre de 1996, este Tratado contempla los derechos de propiedad intelectual de dos categorías de beneficiarios, especialmente en el entorno digital, a saber, los artistas intérpretes o ejecutantes (actores, cantantes, músicos, etcétera) y los productores de fonogramas (personas físicas o jurídicas que llevan a cabo la fijación de los sonidos de la interpretación o ejecución).[38]

Los anteriores convenios son administrados por la Organización Mundial de la Propiedad Intelectual.

G) ACUERDO SOBRE LOS ASPECTOS DE LOS DERECHOS DE PROPIEDAD INTELECTUAL RELACIONADOS CON EL COMERCIO (ADPIC):[39] Este Acuerdo comercial reseñado en el apartado anterior, en su parte II reconoce a los derechos de autor y derechos conexos, así como su relación con el Convenio de Berna (artículos 9o. al 14).

Notas

[10] Mantilla Molina, Roberto L., *Derecho mercantil*, México, Porrúa, 2000, p. 499.

[11] *Cfr*. Chaloupka, Pedro, *Derechos intelectuales*, vol. 3: *La propiedad de las ideas*, Buenos Aires, Astrea, 1988, p. 50.

[12] Gutiérrez y González, Ernesto, *El patrimonio*, México, Porrúa, 2013, p. 724.

[13] Disponible en: *https://www.cultura.gob.mx/seminario/descargas/GLOSARIO-INDAUTOR.pdf*

[14] Viñamata Paschkes, Carlos, *La propiedad intelectual*, México, Trillas, 1998, p. 123.

[15] Castrejón García, Gabino Eduardo, *El derecho marcario y la propiedad industrial*, México, Cárdenas Editores, 2003, p. 44.

[16] El texto destacado en cursivas es del autor.

[17] Gutiérrez y González, Ernesto, *op. cit.*, pp. 721-722.

[18] Rangel Medina, David, *Panorama del derecho mexicano: derecho intelectual*, México, McGraw-Hill, 1989, p. 1.

[19] Gallegos, Germán, Apuntes de la materia "La empresa y el Tratado de Libre Comercio", Maestría en Derecho Corporativo, México, Universidad Anáhuac, 2000.

[20] Disponible en: *https://wipolex.wipo.int/es/text/287557*

[21] Disponible en: *https://wipolex.wipo.int/es/text/288639*

[22] Disponible en: *https://wipolex.wipo.int/es/text/285840*

[23] Disponible en: *https://wipolex.wipo.int/es/text/287438*

[24] Disponible en: *https://wipolex.wipo.int/es/text/285823*

[25] *Cfr. https://www.wipo.int/treaties/es/classification/locarno/*

[26] Disponible en: *https://wipolex.wipo.int/es/text/294838*

[27] *Cfr. https://www.wipo.int/treaties/es/classification/vienna/*

[28] La OMPI administra 26 tratados incluyendo el Convenio de la OMPI (disponible en: *https://www.wipo.int/treaties/es*).

[29] Disponible en: *https://www.wto.org/spanish/docs_s/legal_s/27-trips_01_s.htm*

[30] Disponible en: *https://wipolex.wipo.int/es/text/283694*

[31] Disponible en: *https://wipolex.wipo.int/es/text/289796*

[32] Disponible en: *https://wipolex.wipo.int/es/text/172847*

[33] Disponible en: *https://wipolex.wipo.int/es/text/295158*

[34] Disponible en: *https://www.wipo.int/treaties/es/ip/wct/index.html*

[35] Disponible en: *https://wipolex.wipo.int/es/text/288581*

[36] *Cfr.* Garza Barbosa, Roberto, *Derechos de autor y derechos conexos*, México, Porrúa, 2009, p. 54.

[37] Disponible en: *https://wipolex.wipo.int/es/text/295478*

[38] *Cfr. https://www.wipo.int/treaties/es/ip/wppt/*

[39] *Ibidem.*

3

Marco constitucional de la propiedad intelectual

Según el artículo 1o. de la Constitución Política de los Estados Unidos Mexicanos del 5 de febrero de 1917, precepto reformado el 10 de junio de 2011:

> En los Estados Unidos Mexicanos todas las personas gozarán de los derechos humanos reconocidos en esta Constitución y en los tratados internacionales de los que el Estado Mexicano sea parte, así como de las garantías para su protección, cuyo ejercicio no podrá restringirse ni suspenderse, salvo en los casos y bajo las condiciones que esta Constitución establece.
>
> Las normas relativas a los derechos humanos se interpretarán de conformidad con esta Constitución y con los tratados internacionales de la materia favoreciendo en todo tiempo a las personas la protección más amplia.
>
> Todas las autoridades, en el ámbito de sus competencias, tienen la obligación de promover, respetar, proteger y garantizar los derechos humanos de conformidad con los principios de universalidad, interdependencia, indivisibilidad y progresividad.

> En consecuencia, el Estado deberá prevenir, investigar, sancionar y reparar las violaciones a los derechos humanos, en los términos que establezca la ley.
>
> Está prohibida la esclavitud en los Estados Unidos Mexicanos. Los esclavos del extranjero que entren al territorio nacional alcanzarán, por este solo hecho, su libertad y la protección de las leyes.
>
> Queda prohibida toda discriminación motivada por origen étnico o nacional, el género, la edad, las discapacidades, la condición social, las condiciones de salud, la religión, las opiniones, las preferencias sexuales, el estado civil o cualquier otra que atente contra la dignidad humana y tenga por objeto anular o menoscabar los derechos y libertades de las personas.

El artículo 1o. constitucional constriñe a todos los poderes públicos, incluso al legislador, a aplicar el derecho en forma igualitaria, por lo que los poderes públicos están obligados a llevar a cabo una serie de actos y abstenciones, lo que incluye legislar, interpretar y aplicar la norma a casos concretos.[40] El precepto transcrito se relaciona con el tema en estudio cuando consideramos que los derechos sobre las obras generadas por los autores y los derechos de uso exclusivo sobre inventos, otorgados a inventores y perfeccionadores, son derechos humanos susceptibles de reconocerse y protegerse en forma global, ya por medio de legislaciones locales, ya por medio de los tratados internacionales.

Efectivamente, a raíz de la reforma constitucional del 10 de junio de 2011, el término garantías individuales fue sustituido por el de "derechos humanos", reconociéndose a nivel constitucional a los derechos humanos derivados de los tratados internacionales de los que el Estado mexicano sea parte. Por consiguiente, tales derechos del hombre, reconocidos en instrumentos internacionales, son auténticos "derechos humanos nacionales de fuente internacional", y su tutela deberá de realizarse en el ámbito interno, al tener los organismos internacionales, administradores de los tratados, "carácter subsidiario y complementario" de dicha tutela interna o nacional, la cual, conforme a la referida reforma de junio de 2011, debe efectuarse con base en el principio *pro persona*.[41] Es igualmente relevante en este precepto el hecho de que las normas de derechos humanos se interpretarán en forma amplia de conformidad con la Constitución Política de los Estados Unidos Mexicanos y con los tratados internacionales de los que el Estado Mexicano sea parte, siempre en favor de las personas. En este contexto, es importante puntualizar que la interpretación conforme consiste en la actividad de

> buscar explicaciones de varios textos, por lo menos de dos, que sean compatibles entre sí (...) su objetivo consiste en identificar una o más interpretaciones conformes con el resultado de dicha acción (...) La particularidad de la institucionalización del deber de interpretación conforme realizada por la reforma al artículo 1° constitucional radica en la definición del parámetro de la conformidad, es decir, de las normas a las cuales deberán de conformarse otras normas (...) siempre será necesario identificar el parámetro respecto del cual se busca adecuar, ajustar y compatibilizar otro elemento normativo, el significado de otro texto legal. A partir del dominio de variables es posible articularlas para proceder al análisis de la técnica de la interpretación conforme, tal como es institucionalizada por el texto constitucional, tomando en cuenta especialmente la forma en que el citado texto articula dicha interpretación con el principio *pro-persona*.[42]

Ahora bien, según el precepto en análisis, toda vez que los derechos humanos tienen un carácter progresivo; es decir, su reconocimiento tiende a ampliarse con el objetivo de robustecer el ámbito de protección del individuo, y vista la importancia de las nuevas tecnologías en la vida diaria, hay un consenso internacional para obligar a los Estados a tomar las medidas necesarias para fomentar el acceso a tales avances tecnológicos, pues ello facilita la obtención de información y conocimientos, lo que contribuye, a su vez, a la búsqueda de la verdad y a la apertura democrática de la sociedad. Se observa que el acceso a Internet y a las nuevas tecnologías es un vehículo para el ejercicio de la libertad de opinión y de expresión, de ahí que la posibilidad de contar con Internet deba garantizarse con miras a proteger derechos humanos.[43] Con una visión escéptica, Antonio E. Pérez Luño, sostiene que

> en la sociedad tecnológica de nuestro tiempo los ciudadanos más sensibles a la defensa de los derechos fundamentales se sienten crispados o atemorizados porque advierten que las conquistas del progreso se ven contrapuntadas por graves amenazas a su libertad, su identidad o incluso su propia supervivencia. La ciencia y la tecnología han mantenido en los últimos años un ritmo de crecimiento exponencial, que no siempre ha tenido puntual reflejo en la evolución de la conciencia ética de la humanidad. Por ello, las trampas liberticidas subyacentes en determinados empleos abusivos de la cibernética o de la informática, el peligro de la catástrofe ecológica, o la psicosis de angustia que acarrea la amenaza latente de un conflicto atómico, son el trasfondo terrible que amenaza el pleno ejercicio de los derechos fundamentales y acecha con invalidar los logros del progreso.[44]

Por su parte, el artículo 2o. de la Constitución Política de los Estados Unidos Mexicanos establece que la nación mexicana es única e indivisible, contando con una "composición pluricultural sustentada originalmente en sus pueblos indígenas que son aquellos que descienden de poblaciones que habitaban en el territorio actual del país al iniciarse la colonización *y que conservan sus propias instituciones sociales, económicas, culturales y políticas, o parte de ellas*". Efectivamente, la Constitución federal reconoce y garantiza el derecho de los pueblos indígenas a su libre determinación y autonomía para que, entre otras prerrogativas, puedan decidir sus formas internas de convivencia y organización social, económica, política y *cultural, a fin de preservar y enriquecer sus lenguas, conocimientos y todos los elementos que constituyan su cultura e identidad*, reconociéndose, asimismo, a los pueblos y comunidades afromexicanas como parte de la composición pluricultural de los Estados Unidos Mexicanos, siendo "*destacable que los derechos fundamentales de los pueblos indígenas son garantías mínimas, que implican una autonomía frente al Estado, las que pueden verse ampliadas válidamente por la legislación*".[45]

Al respecto, cabe mencionar que la Ley Federal del Derecho de Autor en su artículo 157 y siguientes brindan protección de las obras de arte popular o artesanal, tratándose de obras literarias, artísticas, de arte popular o artesanal, así como todas las manifestaciones primigenias en sus propias lenguas, y los usos, costumbres y tradiciones de la composición pluricultural que conforman al Estado mexicano, que no cuenten con autor identificable, pudiendo ser cuentos populares, leyendas, tradiciones, poesía popular y otras similares, obras musicales, expresiones corporales, ya dancísticas o rituales, expresiones tangibles, a saber obras de arte popular o artesanal, obras pictóricas o de dibujo, tallas en madera, escultura, alfarería, terracota, mosaico, ebanistería, forja, joyería, cestería, vidrio, lapidaria, metalistería, talabartería, así como los vestidos típicos, hilados, textiles, labores de punto, tapices, instrumentos musicales populares o tradicionales y la arquitectura propia de cada etnia o comunidad. Conforme al artículo 158 del referido cuerpo legal, las obras artísticas de arte popular o artesanal, desarrolladas en una comunidad originaria de México, estarán protegidas contra su deformación encaminada a causar demérito o perjuicio a la misma, a su reputación o a la imagen de la comunidad o etnia de la cual provengan, siendo, conforme al artículo 159, libre la utilización de las obras de arte popular mientras se respete lo establecido por la norma aplicable.[46]

Asimismo, el artículo 4o. constitucional en su parte final reconoce que

> toda persona tiene derecho al acceso a la cultura y al disfrute de los bienes y servicios que presta el Estado en la materia, así como el ejercicio de sus derechos culturales. El Estado

> promoverá los medios para la difusión y desarrollo de la cultura, atendiendo a la diversidad cultural en todas sus manifestaciones y expresiones con pleno respeto a la libertad creativa. La ley establecerá los mecanismos para el acceso y participación a cualquier manifestación cultural.

Con base en lo anterior, queda claro que en los Estados Unidos Mexicanos toda persona está en posibilidad de gozar del acervo cultural de la nación, así como de contribuir al mismo. En relación con el precepto citado, es de hacer mención que el 19 de junio de 2017 se publicó en el *Diario Oficial de la Federación*, la Ley General de Cultura y Derechos Culturales que en su artículo 1o. establece:

> La presente Ley regula el derecho a la cultura que tiene toda persona en los términos de los artículos 4o. y 73, fracción XXIX-Ñ de la Constitución Política de los Estados Unidos Mexicanos. Promueve y protege el ejercicio de los derechos culturales y establece las bases de coordinación para el acceso de los bienes y servicios que presta el Estado en materia cultural. Sus disposiciones son de orden público e interés social y de observancia general en el territorio nacional.

El primer párrafo del artículo 5o. de la Constitución Política de los Estados Unidos Mexicanos prevé y reconoce la libertad de trabajo, misma que implica que en una economía abierta y en la que impera un sistema de libre competencia, a ninguna persona se le podrá vedar el desempeño de cualquier profesión, oficio, comercio o actividad productiva, siempre y cuando ésta no contraríe a las leyes prohibitivas. Partiendo de que los derechos de la propiedad industrial, como marcas, nombres y avisos comerciales, entre otros, son instituciones auxiliares en la actividad mercantil, el comerciante, a través de estos derechos, ejercita la garantía en comento, es decir, los signos distintivos o las creaciones industriales son mecanismos que ayudan al comerciante a desarrollar dicha actividad al darle difusión a su negocio o actividad y lograr así que el consumidor lo identifique y aprehenda como un agente económico que oferta productos o servicios. Sucede lo mismo en el caso de autores o titulares de derechos conexos que a través del sistema de los derechos de autor obtienen certeza jurídica para desarrollar una obra del espíritu e intelecto. En lo conducente, el artículo 5o. constitucional establece:

> Artículo 5o. A ninguna persona podrá impedirse que se dedique a la profesión, industria, comercio o trabajo que le acomode, siendo lícitos. El ejercicio de esta libertad sólo podrá vedarse por determinación judicial, cuando se ataquen los derechos de tercero, o por resolución gubernativa, dictada en los términos que marque la ley, cuando se ofendan los derechos de la sociedad. Nadie puede ser privado del producto de su trabajo, sino por resolución judicial...

Para el connotado tratadista Jorge Barrera Graf, las restricciones a la libertad de trabajo por virtud de resoluciones judiciales se podrán dar ante disposiciones generales como la presencia de actos dolosos, no-adecuación en principios generales del derecho, la comisión de actos contrarios a las buenas costumbres, lesiones a derechos sociales, como en el caso de derechos de los consumidores o los derechos de los empresarios para que sus competidores no lleven a cabo conductas como las previstas en el artículo 6o. bis del Código de Comercio, o el artículo 10 bis del Convenio de París.[47] Asimismo, el doctrinario en cita refiere que además de las restricciones judiciales o legales, están las convencionales, es decir, aquellas restricciones que se estipulen en contratos o cláusulas restrictivas de la libertad de comercio o de industria, siempre que dichas restricciones no impliquen abuso de derechos o violación de normas prohibitivas o de interés público.[48]

Conforme al artículo 6o. de la Constitución Política de los Estados Unidos Mexicanos, la expresión de las ideas no deberá de ser objeto de represión o ataque alguno:

> Artículo 6o. La manifestación de las ideas no será objeto de ninguna inquisición judicial o administrativa, sino en el caso

de que ataque a la moral, la vida privada o los derechos de terceros, provoque algún delito, o perturbe el orden público; el derecho de réplica será ejercido en los términos dispuestos por la ley. El derecho a la información será garantizado por el Estado.

Toda persona tiene derecho al libre acceso a información plural y oportuna, así como a buscar, recibir y difundir información e ideas de toda índole por cualquier medio de expresión.

El precepto transcrito cobra aplicación a la propiedad intelectual al considerar que un medio legítimo de la expresión de las ideas, independientemente del fin que se persiga, será a través de la generación o exteriorización de obras artísticas o literarias u otras obras del intelecto susceptibles de protección, recordando que nuestra legislación admite la llamada "protección acumulada".[49] Ignacio Burgoa en su obra *Garantías individuales* apunta:

> La libre manifestación de las ideas, pensamientos, opiniones, etc., constituye uno de los factores indispensables para el progreso cultural y social. En efecto, es mediante la emisión eidética como se impulsa la investigación científica, descubriéndose nuevos principios, sustentándose teorías innovadoras, colmándose lagunas en sistemas ya existentes, criticándose vicios, defectos y aberraciones de los mismos, en otra palabra fincándose bases para la construcción cultural.[50]

Silva Meza y Silva García sostienen que

> se ha interpretado que la libertad de expresión comprende tanto la libertad de expresar el pensamiento propio (dimensión individual), como el derecho a conocer el pensamiento ajeno, recibiendo informaciones e ideas de toda índole (dimensión colectiva). Esto es, para la Suprema Corte de Justicia de la Nación, la libertad de expresión garantiza el intercambio de ideas e informaciones que protege tanto la comunicación a otras personas de los propios puntos de vista, como el derecho de conocer las opiniones, relatos y noticias que los demás difunden. De ahí la libre expresión de ideas, de

comunicación y acceso a la información sean considerados indispensables para la formación de la opinión pública; componente necesario para el funcionamiento de una democracia representativa (...) se ha interpretado que la *libertad de expresión* es el derecho de todo individuo de exteriorizar sus ideas por cualquier medio, no sólo verbal o escrito, sino por todo aquél que la ciencia y la tecnología proporcionan.[51]

Los tribunales federales se han manifestado al respecto de la siguiente forma:

Quinta Época
Registro digital: 302783
Instancia: Primera Sala
Tesis Aislada
Fuente: Semanario Judicial de la Federación
Tomo XCIII
Materia(s): Penal
Página: 753
REPARACION DEL DAÑO, COMPETENCIA TRATÁNDOSE DE (CALUMNIA Y DIFAMACION).
Dentro del sistema de libertad de expresión que rige en nuestro país, todas las apreciaciones de índole histórica literaria o artística, son actos lícitos, a menos que se compruebe que son delictuosos. La libertad de manifestar y publicar ideas, es un derecho consignado en la Constitución como garantía del individuo. El uso de ese derecho tiene el solo límite que señala la propia Constitución y que sancionan las leyes penales; por consiguiente, no pueden ser penado sino cuando las autoridades correspondientes declaren que se ha abusado de la libertad de expresión y cometido un delito. Consecuentemente, tratándose de actos cuya ilicitud de que sean delitos, resulta indudable que un juez de lo civil, dentro de sus atribuciones, no puede hacer la declaratoria correspondiente, puesto que sólo un juez penal tiene la facultad para fijar qué hechos constituyen delito, y ante tal imposibilidad, el juez de lo civil no podría determinar la existencia del acto ilícito para condenar a la reparación de los daños y perjuicios resultantes de tal acto ilícito.

Amparo penal en revisión 5273/42. Basham Harvey A. 17 de julio de 1947. Unanimidad de cuatro votos. Ausente: Fernando de la Fuente. La publicación no menciona el nombre del ponente.

Por otra parte, el artículo 7o. constitucional, garantiza la libertad de escribir y publicar escritos sobre cualquiera materia. El precepto en cita a la letra establece:

> Es inviolable la libertad de difundir opiniones, información e ideas, a través de cualquier medio. No se puede restringir este derecho por vías o medios indirectos, tales como el abuso de controles oficiales o particulares, de papel para periódicos, de frecuencias radioeléctricas o de enseres y aparatos usados en la difusión de información o por cualesquiera otros medios y tecnologías de la información y comunicación encaminados a impedir la transmisión y circulación de ideas y opiniones.
>
> Ninguna ley ni autoridad puede establecer la previa censura, ni coartar la libertad de difusión, que no tiene más límites que los previstos en el primer párrafo del artículo 6o. de esta Constitución. En ningún caso podrán secuestrarse los bienes utilizados para la difusión de información, opiniones e ideas, como instrumento del delito.

Junto con la libertad de expresión, la libertad de imprenta constituye uno de los derechos humanos más importantes en el ámbito de la propiedad intelectual, dado que es a través de la divulgación de las obras, ya por medios escritos, ya a través de las nuevas tecnologías, que éstas pueden llegar al público para efectos de ser apreciadas y formar con ello el acervo cultural de una nación. El siguiente criterio jurisprudencial ilustra lo anterior:

Décima Época
Registro digital: 2001674
Instancia: Primera Sala
Tesis Aislada
Fuente: Semanario Judicial de la Federación y su Gaceta
Libro XII, Septiembre de 2012, Tomo 1

Materia(s): Constitucional
Tesis: 1a. CCIX/2012 (10a.)
Página: 509

LIBERTAD DE IMPRENTA. SU MATERIALIZACIÓN EN SENTIDO AMPLIO EN DIVERSAS FORMAS VISUALES, ES UNA MODALIDAD DE LA LIBERTAD DE EXPRESIÓN ENCAMINADA A GARANTIZAR SU DIFUSIÓN.

Tradicionalmente se ha entendido al derecho fundamental contenido en el artículo 7o. de la Constitución Política de los Estados Unidos Mexicanos, en su sentido literal, como relativo a la industria editorial, tipográfica o a través de la impresión de documentos; sin embargo, lo cierto es que atendiendo al dinamismo de las formas de comunicación actuales, al empleo de las nuevas tecnologías, forma de difusión de éstas y acceso a la sociedad, debe entenderse a la libertad de imprenta en un sentido amplio y de carácter funcional, adscribiéndose no sólo la impresión tradicional en papel, sino incluso de modo electrónico, a través de medios de almacenamiento o vía satelital, que puedan hacerse del conocimiento del público en general, como las diversas formas audio/visuales -como lo es el cine y video- a través de las cuales puede desarrollarse la función que se pretende con la libertad de imprenta. Así, del contenido armónico de los artículos 6o. y 7o. constitucionales, se puede sostener que la libertad de imprenta es una modalidad de la libertad de expresión, encaminada a garantizar su difusión. Tales derechos se encuentran íntimamente vinculados, ya que mientras el primero de los artículos mencionados establece el derecho fundamental a la manifestación de las ideas, el segundo atiende a su difusión, que puede ser de carácter cultural a través de una manifestación artística. La libertad de imprenta protege el derecho fundamental a difundir la libre expresión de las ideas, de cualquier materia, previéndose de manera destacada la inviolabilidad de este derecho, y que ninguna ley ni autoridad podrán establecer la previa censura, ni exigir fianza a los autores o impresores, ni coartar la libertad de imprenta, lo que constituye una de sus características esenciales, ya que si la difusión, como forma de transmitir las ideas e información, materia de la libertad de expresión, fuera a condición de su previa aprobación, autorización, restricción o bajo condiciones, tal derecho fundamental se vería coartado de manera radical, afectando a los titulares de ese derecho en el ámbito de manifestar, difundir y recibir con plenitud la información, tanto de interés general, como la que es únicamente de interés particular.

Amparo directo 11/2011. Sociedad Mexicana de Directores Realizadores de Obras Audiovisuales, S.G.C. 2 de mayo de 2012. Mayoría de tres votos. Disidentes: Jorge Mario Pardo Rebolledo y Guillermo I. Ortiz Mayagoitia. Ponente: Olga Sánchez Cordero de García Villegas. Secretario: Ignacio Valdés Barreiro.

El artículo 8o. constitucional regula el derecho de petición:

Los funcionarios y empleados públicos respetarán el ejercicio del derecho de petición, siempre que ésta se formule por escrito, de manera pacífica y respetuosa; pero en materia política sólo podrán hacer uso de ese derecho los ciudadanos de la República.

A toda petición deberá recaer un acuerdo escrito de la autoridad a quien se haya dirigido, la cual tiene obligación de hacerlo conocer en breve término al peticionario.

En el precepto analizado estamos en presencia de una obligación y derecho correlativo entre gobernante y gobernado para efectos de que aquél dicte un acuerdo, o proveído a una solicitud interpuesta por éste en breve término en el domicilio que señale el mismo peticionario o impetrante. Esta garantía sólo se reconoce al particular, lo que excluye al órgano público que actúa como privado, y se contemplan no sólo el resultado final de un trámite, sino todos y cada uno de los procedimientos previstos por ley para la obtención del resultado o resolución final, sin que la respuesta forzosamente deba ser favorable. En el caso concreto, se ejerce la garantía o derecho de petición cuando un particular asiste ante cualquier autoridad competente relacionada con la propiedad intelectual en sentido amplio, por ejemplo, el

Instituto Mexicano de la Propiedad Industrial, el Instituto Nacional del Derecho de Autor, ya sea para solicitar el registro de una marca, la obtención de una patente, el registro de una obra o la interposición de una solicitud de declaración administrativa de infracción. Jurisprudencialmente se ha interpretado que transcurridos más de cuatro meses sin respuesta de la autoridad, se entenderá que se ha violado la garantía en comentario.[52]

Por su parte, los artículos 14 y 16 que reconocen los derechos de legalidad, seguridad jurídica y tutela judicial efectiva y evidentemente estos artículos son aplicables a la materia de la propiedad intelectual desde el momento de que un peticionario o impetrante acude ante la autoridad competente a solicitar determinado trámite, y tal autoridad se encuentra en la obligación de dar respuesta a la petición formulada, siempre fundando y motivando la misma:

> Art. 14.- A ninguna ley se dará efecto retroactivo en perjuicio de persona alguna.
>
> Nadie podrá ser privado de la vida, de la libertad o de sus propiedades, posesiones o derechos, sino mediante juicio seguido ante los tribunales previamente establecidos, en el que se cumplan las formalidades esenciales del procedimiento y conforme a las leyes expedidas con anterioridad al hecho.
>
> En los juicios del orden criminal queda prohibido imponer, por simple analogía, y aun por mayoría de razón, pena alguna que no esté decretada por una ley exactamente aplicable al delito que se trata.
>
> En los juicios del orden civil, la sentencia definitiva deberá ser conforme a la letra o a la interpretación jurídica de la ley, y a falta de ésta se fundará en los principios generales del derecho.
>
> Artículo 16.- Nadie puede ser molestado en su persona, familia, domicilio, papeles o posesiones, sino en virtud de mandamiento escrito de la autoridad competente, que funde y motive la causa legal del procedimiento...

Según el artículo 28 de la Constitución Política de los Estados Unidos Mexicanos:

> En los Estados Unidos Mexicanos no habrá monopolios ni estancos de ninguna clase; ni exención de impuestos; ni prohibiciones a título de protección a la industria; exceptuándose únicamente los relativos a (...) los privilegios que por determinado tiempo se concedan a los autores y artistas para la reproducción de sus obras, y a los que, para el uso exclusivo de sus inventos, se otorguen a los inventores y perfeccionadores de alguna mejora.

El primer párrafo del artículo 28 constitucional establece que en los Estados Unidos Mexicanos quedan prohibidos los monopolios, las prácticas monopólicas y los estancos, exceptuándose de tal prohibición los derechos o privilegios temporales concedidos a los autores y artistas para la reproducción de sus obras, y a los que, para el uso exclusivo de sus inventos, se otorguen a los inventores y perfeccionadores de alguna mejora. Asimismo, el tercer párrafo del artículo 28 constitucional establece:

> Las leyes fijarán bases para que se señalen precios máximos a los artículos, materias o productos que se consideren necesarios para la economía nacional o el consumo popular, así como para imponer modalidades a la organización de la distribución de esos artículos, materias o productos, a fin de evitar que intermediaciones innecesarias o excesivas provoquen insuficiencia en el abasto, así como el alza de precios. *La ley protegerá a los consumidores y propiciará su organización para el mejor cuidado de sus intereses.*[53]

En la parte última del párrafo transcrito nuestra norma fundamental establece los principios legales para la protección de los intereses de los consumidores, constituyendo la propiedad intelectual un cuerpo legal abocado a la protección de los titulares de derechos y del público consumidor, buscando con ello la represión de prácticas desleales de comercio. Al respecto, es atendible el siguiente criterio jurisprudencial:

> Décima Época
> Registro digital: 2013727
> Instancia: Primera Sala
> Tesis Aislada
> Fuente: Gaceta del Semanario Judicial de la Federación
> Libro 39, Febrero de 2017, Tomo I
> Materia (s): Constitucional
> Tesis: 1ª. XXIV/2017 (10ª.)
> Página: 367
> PROPIEDAD INDUSTRIAL. FINALIDAD DEL ARTÍCULO 213, FRACCIÓN X, DE LA LEY RELATIVA.
> El precepto citado, al prever que son infracciones administrativas, entre otras, intentar o lograr el propósito de desprestigiar los productos, los servicios, la actividad industrial o comercial o el establecimiento de otro, y que no estará comprendida como infracción la comparación de productos o servicios que ampare la marca con el propósito de informar al público, siempre que dicha comparación no sea tendenciosa, falsa o exagerada en los términos de la Ley Federal de Protección al Consumidor, tiene como objeto directo proteger los derechos de propiedad industrial de los industriales, comerciantes o prestadores de servicios contra los actos de competencia desleal, en concreto, los realizados con el propósito de desprestigiar productos, servicios, actividades -industriales o comerciales- o el establecimiento de otra persona con la misma calidad, lo que es acorde con la obligación internacional de asegurar una protección eficaz contra la competencia desleal en materia de protección de la propiedad industrial, en términos del artículo 10 bis del Convenio de París para la Protección de la Propiedad Industrial. Ahora bien, el objeto indirecto del artículo 213, fracción X, de la Ley de la Propiedad Industrial es proteger los derechos de los consumidores; así, la comparación de productos o servicios que ampare una marca con el propósito de informar al público no es una conducta que amerite una infracción administrativa, pues en términos del artículo 28, párrafo tercero, de la Constitución Política de los Estados Unidos Mexicanos, los consumidores tienen derecho a recibir la información de un

determinado bien, producto o servicio de forma veraz, comprobable y exenta de descripciones que induzcan o puedan inducir a error o confusión por engañosas o abusivas; de ahí que la comparación de productos o servicios que ampara una marca con el propósito de informar al público, siempre que la comparación no sea tendenciosa falsa o exagerada, no es un acto que origine una infracción administrativa.
Amparo directo en revisión 6853/2015. Truper, S.A. de C.V. 4 de mayo de 2016. Cinco votos de los Ministros Arturo Zaldívar Lelo de Larrea, quien reservó su derecho para formular voto concurrente; José Ramón Cossío Díaz, Jorge Mario Pardo Rebolledo, Norma Lucía Piña Hernández y Alfredo Gutiérrez Ortiz Mena. Ponente: José Ramón Cossío Díaz. Secretarios: Víctor Manuel Rocha Mercado y Monserrat Cid Cabello.
Esta tesis se publicó el viernes 24 de febrero de 2017 a las 10:26 horas en el Semanario Judicial de la Federación.

Igualmente, las fracciones X, XXV y XXIX-f del artículo 73 del máximo ordenamiento nacional, facultan al Congreso:

(...)

X. Para legislar en toda la República sobre hidrocarburos, minería, sustancias químicas, explosivos, pirotecnia, industria cinematográfica, comercio, juegos con apuestas y sorteos, intermediación y servicios financieros, energía eléctrica y nuclear y para expedir las leyes del trabajo reglamentarias del artículo 123.

XXV ... Para legislar en materia de derechos de autor y otras figuras de la propiedad intelectual relacionadas con la misma."

XXIX ... Para expedir leyes tendientes a la promoción [...] de la transferencia de tecnología y la generación, difusión y aplicación de los conocimientos científicos y tecnológicos que requiere el desarrollo nacional.

Por su parte, la fracción I del artículo 76 constitucional, reformada el 6 de diciembre de 1977 y el 12 de febrero de 2007, establece que serán facultades exclusivas del Senado la de analizar la política exterior desarrollada por el Ejecutivo federal, así como aprobar los tratados internacionales y las convenciones diplomáticas que el Ejecutivo federal suscriba, también aprobar la decisión de terminar, denunciar, suspender, modificar, enmendar, retirar reservas y formular declaraciones interpretativas sobre tales instrumentos internacionales, siendo de relevancia hacer mención que los tratados internacionales en materia de propiedad intelectual son un marco para la legislación local.

Asimismo, el artículo 89, fracciones X y XV de la Constitución faculta y obliga al presidente de la República a:

> ... X. Dirigir la política exterior y celebrar tratados internacionales, así como terminar, denunciar, suspender, modificar, enmendar, retirar reservas y formular declaraciones interpretativas sobre los mismos, sometiéndolos a la aprobación del Senado. En la conducción de tal política, el titular del Poder Ejecutivo observará los siguientes principios normativos: la autodeterminación de los pueblos; la no intervención; la solución pacífica de controversias; la proscripción de la amenaza o el uso de la fuerza en las relaciones internacionales; la igualdad jurídica de los Estados; la cooperación internacional para el desarrollo; el respeto, la protección y promoción de los derechos humanos y la lucha por la paz y la seguridad internacionales...
>
> (...)
>
> XV. Conceder privilegios exclusivos por tiempo limitado, con arreglo a la ley respectiva, a los descubridores, inventores o perfeccionadores de algún ramo de la industria.

Al respecto, el maestro Arturo Reyes Lomelín opina que, conforme al artículo 89 fracción XV de la Constitución federal, los organismos públicos descentralizados, entes con personalidad jurídica y patrimonio propios, actúan a nombre propio y no en nombre del Ejecutivo federal, razón por la cual, la delegación que se lleva a cabo en favor del Instituto Mexicano de la Propiedad Industrial para otorgar patentes es contraria al orden constitucional y dicho vicio de constitucionalidad afecta, tanto a la concesión de patentes como registros de diseños y modelos industriales.[54]

Notas

[40] *Cfr.* Silva Meza, Juan N. y Silva García, Fernando, *Derechos fundamentales,* México, Porrúa, 2009, p. 375.

[41] *Cfr.* Fix Zamudio, Héctor, "Las repercusiones en los ámbitos interno e internacional de la reforma constitucional mexicana sobre derechos humanos del 10 de junio de 2011", en *El derecho laboral burocrático y el Tribunal Federal de Conciliación y Arbitraje. Ensayos temáticos,* México, Segob-TFCA, 2013, p. 23.

[42] Rodríguez, Gabriela *et al., Interpretación conforme. Metodología para la enseñanza de la reforma constitucional en materia de derechos humanos,* México, Comisión Interamericana de Derechos Humanos, SCJN, ONU, 2013, p. 8.

[43] Registro digital: 2014515
Instancia: Segunda Sala
Décima Época
Materia(s): Constitucional, Administrativa
Tesis: 2a. CII/2017 (10a.)
Fuente: Gaceta del Semanario Judicial de la Federación. Libro 43, Junio de 2017, Tomo II, página 1433
Tipo: Aislada
FLUJO DE INFORMACIÓN EN RED ELECTRÓNICA (INTERNET). PRINCIPIO DE RESTRICCIÓN MÍNIMA POSIBLE.
Atento a la importancia de las nuevas tecnologías de la información y la comunicación que permiten la existencia de una red mundial en la que pueden intercambiarse ideas y opiniones, conforme a lo sostenido por el Comité de Derechos Humanos de la Organización de las Naciones Unidas, el Estado debe tomar todas las medidas necesarias para fomentar la independencia de esos nuevos medios y asegurar a los particulares el acceso a éstos, pues precisamente el intercambio instantáneo de información e ideas a bajo costo, a través del Internet, facilita el acceso a información y conocimientos que antes no podían obtenerse lo cual, a su vez, contribuye al descubrimiento de la verdad y al progre-

so de la sociedad en su conjunto, a lo que se debe que el marco del derecho internacional de los derechos humanos siga siendo pertinente y aplicable a las nuevas tecnologías de la comunicación; de hecho, puede afirmarse que el Internet ha pasado a ser un medio fundamental para que las personas ejerzan su derecho a la libertad de opinión y de expresión, atento a sus características singulares, como su velocidad, alcance mundial y relativo anonimato. Por tanto, en atención a ese derecho humano, se reconoce que en el orden jurídico nacional y en el derecho internacional de los derechos humanos, existe el principio relativo a que el flujo de información por Internet debe restringirse lo mínimo posible, esto es, en circunstancias excepcionales y limitadas, previstas en la ley, para proteger otros derechos humanos.

Amparo en revisión 1/2017. Alestra, S. de R.L. de C.V. 19 de abril de 2017. Unanimidad de cuatro votos de los Ministros Alberto Pérez Dayán, Javier Laynez Potisek, José Fernando Franco González Salas y Eduardo Medina Mora I. Impedida: Margarita Beatriz Luna Ramos. Ponente: Alberto Pérez Dayán. Secretario: Isidro Emmanuel Muñoz Acevedo.

Esta tesis se publicó el viernes 16 de junio de 2017 a las 10:22 horas en el Semanario Judicial de la Federación.

[44] Pérez Luño, Antonio E., *Derechos fundamentales*, España, Tecnos, p. 6.

[45] Silva Meza, Juan N. y Silva García, Fernando, *op. cit.*, p. 381. (El destacado en cursivas es del autor).

[46] Artículo 160 de la Ley Federal del Derecho de Autor.- "En toda fijación, representación, publicación, comunicación, utilización en cualquier forma o puesta a disposición con fines de lucro; de una obra literaria y artística, de arte popular y artesanal o de las expresiones culturales tradicionales, cuando exista duda de la comunidad o pueblo a quien deba solicitarse la autorización escrita para uso o explotación, la parte interesada solicitará a la Secretaría de Cultura una consulta para identificar al titular. La consulta deberá ser realizada con el acompañamiento del Instituto Nacional de los Pueblos Indígenas, en su calidad de órgano técnico.

Una vez identificada la comunidad a la que corresponda la expresión de que se trate, la Secretaría de Cultura le notificará al interesado para efecto del trámite de la autorización correspondiente. En caso de no haber titular identificado, la propia Secretaría de Cultura, con opinión técnica de la autoridad correspondiente, podrá autorizar la solicitud.

En caso de controversia, ésta se resolverá de manera colegiada entre la Secretaría de Cultura, la autoridad técnica competente y las autoridades de los pueblos indígenas involucrados".

[47] Artículo 6o. bis del Código de Comercio: "Los comerciantes deberán realizar su actividad de acuerdo con los usos honestos en materia industrial o comercial, por lo que se abstendrán de realizar actos de competencia desleal que:

I.- Creen confusión, por cualquier medio que sea, respecto del establecimiento, los productos o la actividad industrial o comercial, de otro comerciante;

II.- Desacrediten, mediante aseveraciones falsas, el establecimiento, los productos o la actividad industrial o comercial, de cualquier otro comerciante;

III.- Induzcan al público a error sobre la naturaleza, el modo de fabricación, las características, la aptitud en el empleo o la cantidad de los productos, o

IV.- Se encuentren previstos en otras leyes.

Las acciones civiles producto de actos de competencia desleal, sólo podrán iniciarse cuando se haya obtenido un pronunciamiento firme en la vía administrativa, si ésta es aplicable" (Artículo adicionado *DOF* 26-01-2005).

Art. 10 bis del Convenio de París [*Competencia desleal*]:

"1) Los países de la Unión están obligados a asegurar a los nacionales de los países de la Unión una protección eficaz contra la competencia desleal.

2) Constituye acto de competencia desleal todo acto de competencia contrario a los usos honestos en materia industrial o comercial.

3) En particular deberán prohibirse:

1. cualquier acto capaz de crear una confusión, por cualquier medio que sea, respecto del establecimiento, los productos o la actividad industrial o comercial de un competidor;

2. las aseveraciones falsas, en el ejercicio del comercio, capaces de desacreditar el establecimiento, los productos o la actividad industrial o comercial de un competidor;

3. las indicaciones o aseveraciones cuyo empleo, en el ejercicio del comercio, pudieren inducir al público a error sobre la naturaleza, el modo de fabricación, las características, la aptitud en el

empleo o la cantidad de los productos".

[48] *Cfr*. Barrera Graf, Jorge, *Instituciones de derecho mercantil,* México, Porrúa, 2000, pp. 141-142.

[49] Sobre el tema de protección acumulada, es de especial interés lo resuelto por la Sala Regional Especializada en Materia de Propiedad Intelectual del Tribunal Federal Justicia Administrativa, que en el Juicio Contencioso Administrativo No. 2396/08-EPI-01-1 resolvió el 30 de junio de 2009: PROCEDE EL REGISTRO DE UNA FORMA TRIDIMENSIONAL QUE CONSTITUYE UN DISEÑO INDUSTRIAL. De una interpretación de los artículos 89, fracción II y 90, fracción III, de la Ley de la Propiedad Industrial, pueden construir una marca tridimensional consistente en un envase cuya forma no tenga una función industrial. En un modelo industrial la forma protegida no hace más útil al producto, es una calificación estética del mismo y, en contraste, en un modelo de utilidad lo que se protege es la utilidad para dar una solución técnica. Por lo tanto, un modelo industrial puede ser registrable como marca, siempre y cuando el diseño no aporte ventajas técnicas al producto, esto es las formas funcionales que resuelva una falla técnica no deben de ser protegidas por las marcas puesto que las mismas son renovables indefinidamente, mientras que en los modelos industriales o de utilidad su protección es limitada en el tiempo para que, pasada su vida legal, puedan ser empleados por la sociedad (6ª Época, año III, No. 26, febrero de 2010, p. 462).

[50] Burgoa Orihuela, Ignacio, *Las garantías individuales,* México, Porrúa, 1994, p. 348.

[51] Silva Meza Juan N. y Silva García, Fernando, *op. cit.*, p. 414.

[52] Sexta Época
Registro digital: 391022
Instancia: Segunda Sala
Jurisprudencia
Fuente: Apéndice de 1995
Tomo III, Parte SCJN
Materia(s): Administrativa
Tesis: 132
Página: 90
Genealogía: APÉNDICE AL TOMO XXXVI NO APA PG. APÉNDICE AL TOMO L NO APA PG.
APÉNDICE AL TOMO LXIV NO APA PG.
APÉNDICE AL TOMO LXXVI NO APA PG.
APÉNDICE AL TOMO XCVII NO APA PG.

APÉNDICE '54: TESIS NO APA PG.
APÉNDICE '65: TESIS NO APA PG.
APÉNDICE '75: TESIS 472 PG. 769
APÉNDICE '85: TESIS 214 PG. 360
APÉNDICE '88: TESIS 1322 PG. 2149
APÉNDICE '95: TESIS 132 PG. 90
PETICION. TÉRMINO PARA EMITIR EL ACUERDO.
La tesis jurisprudencial número 767 del Apéndice de 1965 al Semanario Judicial de la Federación, expresa: "Atento lo dispuesto en el artículo 8o. de la Constitución, que ordena que a toda petición debe recaer el acuerdo respectivo, es indudable que si pasan más de cuatro meses desde que una persona presenta un ocurso y ningún acuerdo recae a él, se viola la garantía que consagra el citado artículo constitucional". De los términos de esta tesis no se desprende que deban pasar más de cuatro meses sin contestación a una petición para que se considere transgredido el artículo 8o. de la Constitución Federal, y sobre la observancia del derecho de petición debe estarse siempre a los términos en que está concebido el repetido precepto.
Sexta Época:
Amparo en revisión 7536/64. Ricardo Meneses López. 8 de enero de 1965. Unanimidad de cuatro votos. Amparo en revisión 7286/64. Angel Carreño Luna. 11 de junio de 1965. Unanimidad de cuatro votos.
Amparo en revisión 1377/65. José Ruiz Gómez. 11 de junio de 1965. Cinco votos.
Amparo en revisión 1729/65. Antonio Aguilar Reyes. 25 de junio de 1965. Cinco votos.
Amparo en revisión 3686/65. Gabriel Granados Cabello. 28 de octubre de 1965. Unanimidad de cuatro votos.

[53] N.A. El destacado en cursivas es del autor.

[54] *Cfr.* Reyes Lomelín, Arturo, "El artículo 89 constitucional y las patentes en México", en Magaña Rufino, José Manuel (coord.), *Estudios en materia de propiedad industrial e intelectual,* México, Novum, 2015, p. 401.

4

Breve recuento histórico de la legislación en materia de derechos de autor y propiedad industrial en México

El acta constitutiva de la federación de 1824 no reconoce expresamente los derechos de autores o desarrolladores de obras del intelecto; sin embargo, en su artículo 13, como facultades del Congreso general, en su fracción IV establecía: "Para proteger y arreglar la libertad de imprenta...".

No obstante, implícitamente se hacen reconocimientos a los derechos humanos cuando en los artículos 30 y 31 se estableció:

> Artículo 30. La nación está obligada a proteger por leyes sabias y justas los derechos del hombre y del ciudadano.
> Artículo 31: Todo habitante de la federación tiene libertad de escribir, imprimir y publicar sus ideas políticas, sin necesi-

dad de licencia, revisión o aprobación anterior a la publicación, bajo las restricciones y responsabilidades de las leyes.

No es sino en el texto de la Constitución de 1824 en el que en su artículo 50 se establece en lo conducente:

> Art. 50. Las facultades exclusivas del Congreso general son las siguientes.
>
> 1.- Promover la ilustración, asegurando por tiempo limitado derechos exclusivos á los autores por sus respectivas obras; estableciendo colegios de marina, artillería e ingenieros; erigiendo uno o mas establecimientos en que se enseñen las ciencias naturales y exactas, políticas y morales, nobles artes y lenguas; sin perjudicar la libertad que tienen las legislaturas para el arreglo de la educación pública en sus respectivos estados...

Las leyes constitucionales promulgadas en 1836, por el presidente interino de la República, Justo Corro, sólo garantizan la libertad de imprenta; sin embargo, no se amparó a los autores. Fue hasta el 3 de diciembre de 1846 que el presidente José Mariano Salas publicó el Decreto sobre Propiedad Literaria, en el cual se reconocen derechos y defensas de los autores; dotado de 18 artículos, reconocía al autor un derecho vitalicio, que a su muerte se transmitía a sus herederos por un término de 30 años. A la violación del derecho autoral se le nombra "falsificación". En lo conducente, la citada fuente histórica de derecho establece:

> Artículo 1.- El Autor de cualquier obra, tiene en ella el derecho de propiedad literaria que consiste en la facultad de publicarla e impedir que otro lo haga.
>
> Artículo 2.- Este derecho durará el tiempo de la vida del autor y muriéndose éste, pasará a su viuda y de ésta a sus hijos y demás herederos, en su caso, durando el espacio de treinta años.
>
> (...)
>
> Artículo 17.- La falsificación se comete publicando toda una obra o la mayor parte de sus artículos, un número completo

de un periódico una pieza de música o representando un drama sin permiso del autor o copiando una pintura, una escultura o grabado originales.

La Constitución federal de 1857 reconoció en su artículo 7o. la libertad de prensa sin previa censura y, entre las facultades del Congreso (artículo 72, fracción XXVI), estaba la de: "conceder premios o recompensas por servicios eminentes prestados a la patria o a la humanidad, y privilegios por tiempo limitado a los inventores o perfeccionadores de alguna mejora", desconociéndose expresamente los derechos al autor más allá de lo previsto por el artículo 4o., el cual establecía que

> todo hombre es libre para abrazar la profesión, industria o trabajo que le acomode, siendo útil y honesto, y para aprovecharse de sus productos. Ni uno, ni otro se le podrá impedir, sino por sentencia judicial cuando ataque los derechos de tercero, o por resolución gubernativa, dictada en los términos que marque la ley, cuando ofenda los de la sociedad.

En este periodo constitucional, la regulación de la materia de derechos de autor se llevó a cabo a través de los códigos civiles, así, el Código Civil de 1870 regulaba en su título octavo, capítulos II al VII, a la propiedad literaria, propiedad dramática, propiedad artística, reglas para dictaminar falsificación, penas contra la falsificación y disposiciones generales. El Código Civil de 1870

> incorporó figuras de autores de cartas geográficas, topográficas, científicas, arquitectónicas, planos, dibujos y diseños de cualquier clase, de arquitectos, pintores, grabadores, litógrafos, fotógrafos y escultores, de músicos y calígrafos; todos ellos contaban con la propiedad artística y con el derecho exclusivo a la reproducción de sus obras originales; la propiedad artística prescribía a los diez años. El concepto de propiedad literaria podía comprender lecciones orales y escritas, o cualquier tipo de discurso que se pronunciara en

público (...) el autor disfrutaba del derecho durante su vida, y a su muerte este pasaba a sus herederos. Cuando la obra era realizada por varias personas, ésta era considerada propiedad de todos los que habían intervenido en su creación; al fallecer los herederos sin declaración de cesionarios, el derecho crecía para los demás (...) Contaban con la propiedad dramática los autores que tenían el derecho de representación, además del derecho exclusivo para la publicación y reproducción de su obra; la propiedad dramática prescribía a los 14 años, contados a partir de la primera ejecución o representación pública de la obra.[55]

El Código Civil de 1884 (publicado en el *Diario Oficial de la Federación* del 28 de mayo de 1884, por Manuel González, presidente constitucional de los Estados Unidos Mexicanos) siguió en esta materia los lineamientos del Código de 1870 e introdujo la protección a las obras del traductor y del editor, así como el establecimiento de los requisitos para dichos creadores, como el depósito de los ejemplares respectivos, el anotar su nombre y demás requerimientos que se consignaban para los casos de las portadas de libros y composiciones musicales. El registro de obras tenía carácter obligatorio sin que hubiera sanción por la falta de registro, como en el caso del Código Civil de 1870. En este enfoque legislativo, los derechos de autor se consideran un derecho real, criterio que se traslada inclusive al Código Civil de 1928.

En tanto, el Código Civil de 1928 regulaba en su título octavo "los Derechos de Autor", el cual fue derogado una vez que se expidió la primera Ley Federal sobre el Derecho de Autor de 1948.

Del 1 al 22 de junio de 1946, se celebró en la ciudad de Washington, D.C., la Conferencia Interamericana de Expertos para la Protección de los Derechos de Autor, siendo esta convención promulgada en el *Diario Oficial de la Federación* el 24 de octubre de 1947. Para armonizar el derecho mexicano con la Convención de Washington, se expidió la primera Ley Federal sobre el Derecho de Autor, publicada en el *Diario Oficial de la Federación* el 14 de enero de 1948. En su artículo segundo transitorio, la referida ley autoral derogó el título octavo del libro segundo del Código Civil. La segunda Ley Federal sobre el Derecho de Autor fue publicada en el *Diario Oficial de la Federación,* el 31 de diciembre de 1956; la tercera, Ley Federal de Derechos de Autor fue publicada también en el *Diario Oficial de la Federación* el 21 de diciembre de 1963, y la cuarta Ley Federal del Derecho de Autor, en vigor, el 24 de diciembre de 1996 en el *Diario Oficial de la Federación.*

Por lo que hace a la propiedad industrial, la primera ley de la materia que se puede citar es la Ley sobre Derechos de Propiedad de los Inventores o Perfeccionadores del Ramo de la Industria del 7 de mayo de 1832, que concedía un privilegio exclusivo a los inventores y perfeccionadores de algún ramo de la industria. En el caso de las patentes de invención, el título que se otorgaba tenía una vigencia de diez años.

Asimismo, el 28 de noviembre de 1889 se promulga la Ley de Marcas de Fábrica, y para el 7 de junio de 1890 se publica, con influencia de la legislación francesa, la Ley de Patentes de Privilegio.

En 1903, bajo el mandato de Porfirio Díaz, se promulga la Ley de Patentes de Invención, la cual reconoce los derechos derivados de las patentes y de los dibujos industriales.

Posteriormente, la Ley de Patentes de Invención, del 26 de junio de 1928, fijaba para las patentes de invención un plazo máximo de 20 años.

La Ley de la Propiedad Industrial del 31 de diciembre de 1942 es la primera en codificar las disposiciones relativas a patentes de invención, de modelos y de dibujos industriales, marcas, avisos comerciales, nombres comerciales y competencia desleal.

El 30 de diciembre de 1975 se publica la Ley de Invenciones y Marcas, reformada en 1987. Asimismo, la Ley de Fomento y Protección de la Propiedad Industrial, publicada en el *Diario Oficial de la Federación* el 25 de junio de 1991 y reformada el 1 de octubre de 1994, como Ley de la Propiedad Industrial, es la norma que por muchos años estuvo en vigor en la República; sin embargo, el 1 de julio del año 2020 se publicó el Decreto por el que se expide la Ley Federal de Protección a la Propiedad Industrial, abrogándose la Ley de la Propiedad Industrial; decreto que, conforme a su artículo transitorio primero, entra en vigor 90 días hábiles siguientes a su publicación en el *Diario Oficial de la Federación* y establece que dicho ordenamiento es de orden público y de observancia general en toda la República, sin perjuicio de lo establecido en los tratados internacionales de los que México sea parte y cuya aplicación administrativa corresponde al Ejecutivo federal por conducto del Instituto Mexicano de la Propiedad Industrial.

4.1 Autoridades competentes en derechos de autor y propiedad industrial

En materia de derechos de autor, la autoridad administrativa competente es el Instituto Nacional del Derecho de Autor (INDA o Indautor); organismo creado por virtud de la Ley Federal del Derecho de Autor, publicada en el *Diario Oficial* el 24 de diciembre de 1996 y que entró en vigor el 24 de marzo de 1997. El Indautor es un órgano desconcentrado de la Secretaría de Cultura y está a cargo de un director general, que será nombrado o removido por el Ejecutivo federal, por conducto de la Secretaría de Cultura. Son funciones del Instituto, conforme al artículo 209 de la Ley Federal del Derecho de Autor:

1. Proteger y fomentar el derecho de autor;
2. Promover la creación de obras literarias y artísticas;
3. Llevar el Registro Público del Derecho de Autor;
4. Mantener actualizado su acervo histórico;
5. Promover la cooperación internacional y el intercambio con instituciones encargadas del registro y protección del derecho de autor y derechos conexos, y;
6. Cooperar con las entidades autorizadas o reconocidas para facilitar el intercambio transfronterizo de ejemplares accesibles

de obras protegidas en favor de las personas con discapacidad, en términos de los tratados internacionales suscritos y aprobados por los Estados Unidos Mexicanos.

La organización y competencia del Instituto Nacional del Derecho de Autor y el ejercicio de sus atribuciones conferidas por la ley autoral y su Reglamento se determinan conforme a lo establecido por el Reglamento Interior del Instituto Nacional del Derecho de Autor, publicado en el *Diario Oficial de la Federación* el 22 de noviembre de 1999. El Instituto Nacional del Derecho de Autor, de acuerdo con lo establecido por el artículo 3o. del mencionado reglamento, para el cumplimiento de sus funciones y el ejercicio de sus facultades, así como para el despacho de los asuntos que conforme a la Ley Federal del Derecho de Autor y su Reglamento le corresponden, el Instituto contará con una dirección general, y bajo la autoridad de su titular estarán las siguientes unidades administrativas:

I. Dirección del Registro Público del Derecho de Autor;
II. Dirección Jurídica;
III. Dirección de Reservas de Derechos;
IV. Dirección de Protección contra la Violación del Derecho de Autor;
V. Dirección de Arbitraje;
VI. Coordinación Administrativa, y;
VII. Unidad de Informática.

En materia de propiedad industrial, la autoridad administrativa competente es el Instituto Mexicano de la Propiedad Industrial, organismo descentralizado, con personalidad jurídica y patrimonio propio, que contará, conforme al artículo 5o. de la Ley Federal de Protección a la Propiedad Industrial, con las siguientes facultades:

I. Tramitar y, en su caso, otorgar patentes de invención, registros de modelos de utilidad, diseños industriales, esquemas de trazado de circuitos integrados, certificados complementarios, marcas, marcas colectivas o marcas de certificación; publicar nombres comerciales; así como inscribir sus renovaciones, transmisiones o licencias de uso y explotación; estimar o declarar la notoriedad o fama de marcas; emitir las declaraciones de protección a denominaciones de origen e indicaciones geográficas y autorizar el uso de las mismas, y las demás que le otorga esta Ley y su Reglamento para el reconocimiento y conservación de los derechos de propiedad industrial;

II. Sustanciar los procedimientos de nulidad, caducidad y cancelación de los derechos de propiedad industrial; así como cesar los efectos de las publicaciones de los nombres comerciales; formular las resoluciones y emitir las declaraciones administrativas correspondientes, conforme lo dispone esta Ley y su Reglamento y, en general, resolver las solicitudes que se susciten con motivo de la aplicación de la misma;

III. Realizar las investigaciones de presuntas infracciones administrativas en los términos de las leyes cuya aplicación le corresponde; oír en su defensa a los presuntos infractores; conciliar los intereses de las partes involucradas cuando se lo soliciten; formular las resoluciones, emitir las declaraciones e imponer las sanciones administrativas correspondientes;

IV. Ordenar y practicar visitas de inspección, y requerir información y datos;

V. Ordenar y ejecutar las medidas provisionales previstas en esta Ley, para prevenir o hacer cesar la violación a un derecho, y, en su caso, decretar el destino de los bienes asegurados, incluyendo, su destrucción;

VI. Determinar en cantidad líquida el monto de las multas que imponga y, en su caso, de los respectivos accesorios; requerir su pago y recaudar el crédito fiscal resultante;

VII. Exigir el pago de los créditos fiscales que no hubiesen sido cubiertos oportunamente a través del procedimiento administrativo de ejecución, en términos del Código Fiscal de la Federación;

VIII. Condenar al pago de los daños y perjuicios causados al titular afectado en los procedimientos de declaración administrativa de infracción previstos en las leyes cuya aplicación le corresponde, y cuantificar el monto de la indemnización respectiva;

IX. Solicitar el auxilio de la fuerza pública federal, estatal o local, así como de cualquier institución civil o armada, para cumplimentar eficaz y prontamente sus determinaciones relacionadas con la observancia de derechos contenidos en las leyes, cuya aplicación le corresponde;

X. Designar peritos o fungir como tal, cuando se le solicite conforme a la legislación aplicable;

XI. Emitir los dictámenes técnicos que le sean requeridos por los particulares, por el Ministerio Público Federal o por cualquier otra autoridad judicial o administrativa; efectuar las diligencias y recabar las pruebas que sean necesarias para su emisión;

XII. Actuar como depositario cuando se le designe conforme a esta Ley y, en su caso, poner a disposición de la autoridad competente los bienes que se hubieren asegurado;

XIII. Sustanciar y resolver los recursos administrativos que se interpongan contra las resoluciones que emita, conforme a la competencia de las leyes cuya aplicación le corresponde;

XIV. Fungir como árbitro en la resolución de controversias relacionadas con la competencia de las leyes cuya aplicación le corresponde, cuando los involucrados lo designen expresamente como tal, de conformidad con las disposiciones contenidas en el Código de Comercio;

XV. Publicar en la Gaceta los actos a los que se refiere esta Ley;

XVI. Difundir la información derivada de las patentes, registros, publicaciones, declaratorias, declaraciones, autorizaciones y cualquier otra relacionada con las leyes cuya aplicación le corresponde;

XVII. Establecer las reglas para la gestión de trámites a través de medios de comunicación electrónica;

XVIII. Mantener el registro público de los derechos de propiedad industrial en los términos que establezca esta Ley y su Reglamento, sin perjuicio de lo que establezcan los Tratados Internacionales;

XIX. Difundir, asesorar y dar servicio al público, conforme a la competencia de las leyes cuya aplicación le corresponde;

XX. Promover la creación de invenciones de aplicación industrial, apoyar su desarrollo y explotación en la industria y el comercio, e impulsar la transferencia de tecnología mediante:
   a) La divulgación de acervos documentales sobre invenciones publicadas en el país o en el extranjero y la asesoría sobre su consulta y aprovechamiento;
   b) La elaboración, actualización y difusión de directorios de personas físicas y morales dedicadas a la generación de invenciones y actividades de investigación tecnológica;
   c) La realización de concursos, certámenes o exposiciones y el otorgamiento de premios y reconocimientos que estimulen la actividad inventiva y la creatividad en el diseño y la presentación de productos;
   d) La difusión entre las personas, grupos, asociaciones o instituciones de investigación, enseñanza superior o de asistencia técnica, del conocimiento y alcance de las disposiciones de esta Ley, que faciliten sus actividades en la generación de invenciones y en su desarrollo industrial y comercial subsecuente, y
   e) La celebración de convenios de cooperación, coordinación y concertación, con los gobiernos de las entidades federativas, así como con instituciones públicas o privadas, nacionales o extranjeras, para promover y fomentar las invenciones y creaciones de aplicación industrial y comercial;

XXI. Participar en los programas de otorgamiento de estímulos y apoyos para la protección de la propiedad industrial, tendientes a la generación, desarrollo y aplicación de tecnología mexicana en la actividad económica, así como para mejorar sus niveles de productividad y competitividad;

XXII. Formar y mantener actualizados los acervos sobre invenciones publicadas en el país;

XXIII. Tramitar y, en su caso, proporcionar la respuesta a las solicitudes de información tecnológica;

XXIV. Efectuar investigaciones sobre el estado de la técnica en los distintos sectores de la industria y la tecnología;

XXV. Coordinar su actuación con las diversas instituciones públicas y privadas, nacionales, extranjeras e internacionales, que tengan por objeto el fomento y protección de los derechos de propiedad industrial, la transferencia de tecnología, el estudio y promoción del desarrollo tecnológico, la innovación y la diferenciación de productos;

XXVI. Proporcionar la información y la cooperación técnica en materia de propiedad industrial, que le sea requerida por la Administración Pública Federal u otras autoridades, conforme a las normas y políticas establecidas para tal efecto;

XXVII. Propiciar la participación del sector industrial en el desarrollo y aplicación de tecnologías que incrementen la calidad, competitividad y productividad del mismo, así como realizar investigaciones sobre el avance y aplicación de la tecnología industrial nacional e internacional y su incidencia en el cumplimiento de tales objetivos, y proponer políticas para fomentar su desarrollo;

XXVIII. Promover la cooperación internacional mediante el intercambio de experiencias administrativas y jurídicas con instituciones encargadas del registro y protección legal de la propiedad industrial en otros países, incluyendo entre otras: la capacitación y el entrenamiento profesional de personal, la transferencia de metodologías de trabajo y organización, el intercambio de publicaciones y la actualización de acervos documentales y bases de datos;

XXIX. Participar, en coordinación con las unidades competentes de la Secretaría de Economía, en las negociaciones que correspondan al ámbito de sus atribuciones;

XXX. Realizar estudios sobre la situación de la propiedad industrial en el ámbito internacional y participar en las reuniones o foros internacionales relacionados;

XXXI. Actuar como órgano de consulta conforme a la competencia de las leyes cuya aplicación le corresponde de las distintas dependencias y entidades de la Administración Pública Federal, así como asesorar a instituciones sociales y privadas;

XXXII. Participar en la formación de recursos humanos especializados en las diversas disciplinas de la propiedad industrial, a través de la formulación y ejecución de programas y cursos de capacitación, enseñanza y especialización de personal profesional, técnico y auxiliar;

XXXIII. Formular y ejecutar su programa institucional de operación, y

XXXIV. Prestar los demás servicios y realizar las actividades necesarias para el debido cumplimiento de las leyes cuya aplicación le corresponden.

De acuerdo con la Ley Federal de Protección a la Propiedad Industrial publicada en 2020, el Instituto Mexicano de la Propiedad Industrial adquiere las facultades para exigir el pago de multas impuestas en los procedimientos de declaración administrativa de infracción, condenar al pago de los daños y perjuicios causados al titular afectado en los procedimientos de declaración administrativa, así como cuantificar montos de tales indemnizaciones de pago de los daños y perjuicios. Una de las novedades de la Ley Federal de Protección a la Propiedad Industrial estriba en que las demandas por daños y perjuicios por violaciones a la norma podrán interponerse en cualquier momento sin la necesidad de agotar previamente un procedimiento de solicitud de declaración de infracción administrativa ante el Instituto Mexicano de la Propiedad Industrial. Así, los afectados podrán optar en someter la acción de daños y perjuicios al propio Instituto o a los órganos jurisdiccionales competentes.[56]

Conforme al artículo 6o. de la Ley Federal de Protección a la Propiedad Industrial, "los órganos de administración del Instituto serán la Junta de Gobierno y el Director General, quienes tendrán las facultades previstas en la Ley Federal de las Entidades Paraestatales y en el ordenamiento legal de su creación, sin perjuicio de lo previsto en los artículos 5 y 9 de la propia Ley en comento".

Notas

[55] Ancona García-López, Arturo, *El derecho de autor en la obra audiovisual*, México, Porrúa-Universidad Anáhuac, 2012, p. 14.

[56] Artículo 394 de la Ley Federal de Protección a la Propiedad Industrial.- "La persona que obstaculice o impida, por sí o por interpósita persona, el procedimiento administrativo de ejecución que ordene el Instituto será acreedor a las sanciones previstas en las fracciones I o III del artículo 388 de esta Ley".

Artículo 395 de la Ley Federal de Protección a la Propiedad Industrial.- "Las sanciones establecidas en esta Ley y demás disposiciones derivadas de ella, se impondrán además de la indemnización que corresponda por daños y perjuicios, o la reparación del daño material a los afectados".

Artículo 396 de la Ley Federal de Protección a la Propiedad Industrial.- "La indemnización por la violación de alguno o algunos de los derechos de propiedad industrial regulados en esta Ley, en ningún caso podrá ser inferior al cuarenta por ciento del indicador de valor legítimo presentado por el titular afectado, en términos del artículo 397 de esta Ley.

La indemnización podrá ser reclamada, a elección del titular afectado ante:

I.- El Instituto una vez concluido el procedimiento administrativo respectivo, en los términos de esta Ley, o

II.- Los Tribunales de forma directa, conforme a lo dispuesto en la legislación común, y sin necesidad de declaración administrativa previa, atendiendo a lo dispuesto en el artículo 409 de esta Ley".

Artículo 397 de la Ley Federal de Protección a la Propiedad Industrial.- "Una vez que el Instituto haya declarado una infracción administrativa y ésta sea exigible, en términos de la Ley Federal de Procedimiento Administrativo, el titular afectado podrá presentar su reclamo por los daños y perjuicios ocasionados, así como la cuantificación correspondiente a éstos, de manera incidental, para lo cual deberá ofrecer las pruebas que estime pertinentes.

Para determinar el monto de la indemnización se tomará en cuenta la fecha en que se haya acreditado la infracción al derecho y, a elección del titular afectado, cualquier indicador de valor legítimo presentado por éste, incluyendo:

I.- El valor de los productos o servicios infringidos calculados por el precio del mercado, o el precio sugerido para la venta al por menor;

II.- Las utilidades que el titular hubiera dejado de percibir como consecuencia de la infracción;

III.- Las utilidades que haya obtenido el infractor como consecuencia de la infracción, o

IV.- El precio que el infractor hubiera debido pagar al titular del derecho por el otorgamiento de una licencia, teniendo en cuenta el valor comercial del derecho infringido y las licencias contractuales que ya se hubieran concedido.

Las obligaciones de hacer o no hacer establecidas en la resolución sobre el fondo de la controversia, que no puedan cumplirse por el infractor y que se traduzcan en daños y perjuicios al titular afectado, también podrán ser cuantificadas para efectos de la indemnización correspondiente".

5

Áreas jurídicas de oportunidad en materia de deportes electrónicos

Como se vio en apartados anteriores, si bien es cierto que en esta obra se analiza una actividad que no es del todo novedosa en nuestro país, es preciso hacer notar que la legislación nacional no ha regulado específicamente el tema, aunque se debe de reconocer que existen diversos ordenamientos por los que se pueden regular y proteger los diversos derechos o figuras de propiedad intelectual que se relacionan con los deportes electrónicos. Es decir, tanto por normas de la propiedad industrial como por normas de los derechos de autor se pueden proteger las diversas actividades creativas o de provecho industrial o comercial que surgen de los *e-sports*. En el presente apartado se analizarán diversas figuras de la propiedad intelectual y su relación con los deportes electrónicos.

5.1 Propiedad industrial

5.1.1 Signos distintivos

Como hice referencia en numerales anteriores, dentro de los signos distintivos tenemos a las marcas, a los avisos comerciales, a los nombres comerciales, a las denominaciones de origen e indicaciones geográficas. En materia de deportes electrónicos me concentraré en el análisis de las marcas y los avisos comerciales, figuras que considero son las únicas relacionadas con los *e-sports*. Como es de conocimiento generalizado, existe en el mercado un sinnúmero de marcas y avisos comerciales relacionados con la materia de los deportes electrónicos, desde las icónicas marcas Atari o X-Box, para consolas de juegos, hasta juegos como *League of Legends* o *FIFA*, que hoy en día son de los más populares.

5.1.2 Las marcas y su regulación en los deportes electrónicos

Conforme al artículo 171 de la Ley Federal de Protección a la Propiedad Industrial,[57] "se entiende por marca, todo signo perceptible por los sentidos y susceptible de representarse de manera que permita determinar el objeto claro y preciso de la protección, que distinga productos o servicios de otros de su misma especie o clase en el mercado". La definición legal antes transcrita incluye a las llamadas marcas "tradicionales"; es decir, los signos distintivos, tal y como han sido identificados antes de la reforma a la Ley de la Propiedad Industrial de mayo de 2018 y las marcas "no tradicionales", a saber, "un aroma, un sonido, un holograma, la forma tridimensional de envases o productos y la imagen comercial se pueden registrar como marca".[58]

Igualmente, la ley invocada establece que "cualquier persona, física o moral, podrá hacer uso de marcas en la industria, en el comercio o en los servicios que presten", y el derecho a su uso exclusivo se obtiene mediante su registro ante el Instituto

Mexicano de la Propiedad Industrial (artículo 170), no obstante que el sistema marcario mexicano reconoce que el uso es fuente de derechos de la marca conforme a lo establecido en el artículo 175 de la Ley Federal de Protección a la Propiedad Industrial. Por lo tanto, marca, a la luz de la reforma a la Ley de la Propiedad Industrial del mes de mayo de 2018 y conforme a la actual Ley Federal de Protección a la Propiedad Industrial que ratifica dicha definición, será todo signo distintivo susceptible de apreciarse a través de los sentidos y cuyo fin sea distinguir productos o servicios de los competidores, amén de representar el aviamiento mercantil o *good will*,[59] es decir, el prestigio, fama, imagen o buen nombre comercial de la marca y de su titular. Ilustra lo anterior el siguiente criterio jurisprudencial:

> Tesis aislada
> Materia(s): Administrativa
> Novena Época
> Instancia: Tribunales Colegiados de Circuito
> Fuente: Semanario Judicial de la Federación y su Gaceta
> Tomo: XXVII, Enero de 2008
> Tesis: I.4o.A.609 A
> Página: 2793
> MARCA COMERCIAL. SU CONCEPTO Y FUNCIONES.
> Del artículo 88 de la Ley de la Propiedad Industrial que establece: "Se entiende por marca a todo signo visible que distinga productos o servicios de otros de su misma especie o clase en el mercado", se colige que marca es el signo, denominativo, gráfico o mixto, que requiere materializarse en un envase, producto o expresión publicitaria, y vincula psicológicamente a una idea, concepto de un producto o prestación de un servicio, evocando en el consumidor las características, procedencia empresarial, nivel de calidad o reputación. Es así que la información derivada de la marca es aprehendida por el consumidor y desencadena representaciones en su mente, lo que evoca el aspecto dinámico e ingrediente psicológico del signo marcario. En este orden de ideas, la marca comercial debe ser susceptible de distinguir, por sí, productos o servicios respecto de otros de su misma especie o clase, determinando

y constituyendo así su valor económico, en cuanto permite y es un instrumento para que el comerciante los ofrezca y logre venderlos, aunado al beneficio de que éstos tengan demanda y aceptación entre los consumidores. Así, a partir de las peculiaridades referidas, se tiene que, como funciones de una marca, están las de indicar la procedencia empresarial del producto o servicio, su calidad y publicitar su eventual reputación e implicar en los consumidores una distintividad inherente o adquirida respecto de significados secundarios que se asocian a la marca.
CUARTO TRIBUNAL COLEGIADO EN MATERIA ADMINISTRATIVA DEL PRIMER CIRCUITO.
Amparo directo 239/2007. Arturo Feldman Stark. 24 de octubre de 2007. Unanimidad de votos. Ponente: Jean Claude Tron Petit. Secretaria: Mayra Susana Martínez López.

Para Yves Saint-Gal, citado por Gabino Castrejón García, la marca es "todo signo distintivo que permite a su titular (fabricante o comerciante) distinguir sus productos (o servicios) de los de su competencia (...) la marca puede ser un signo de adhesión de la clientela".[60] En ese sentido, es preciso destacar que la marca al ser un bien intangible, independientemente si se trata de una marca de tipo funcional o una marca de tipo emocional, transmite a su objetivo (el consumidor) una determinada experiencia, un estilo de vida, una percepción, la cual será valorada para adquisiciones o compras, para ser recomendada o por el contrario, para ser rechazada. La marca, en términos del doctor Manuela Magaña, "es reseña la calidad, prestigio o renombre del productor",[61] es decir, la marca engloba la trayectoria comercial de un producto o de un servicio. No obstante lo anterior, el doctor Mauricio Jalife expone su disenso ante lo sostenido al manifestar:

Nos parece –sin ánimo de desconocer el esfuerzo por desarrollar un concepto novedoso, que mucho aplaudimos– que la función de distintividad es la única que el sistema, por corresponder a la esfera jurídica de la marca, evitando caer en la tentación que supone la contemplación de funciones económicas o psicológicas de la marca, que se dan en un terreno que resulta irrelevante desde el punto de vista de la definición jurídica de esta figura.[62]

Sin embargo, el mismo autor en su obra *Competencia desleal*, al tratar la doctrina de las "manos sucias", pareciera que se contradice y da a su vez la razón al maestro Magaña cuando sostiene que al hacer el consumidor la identificación de un producto en el mercado, comúnmente lleva a cabo la identificación de una marca y de su fabricante, constituyéndose dicho signo distintivo en una especie de depositario de "cualidades y prestaciones" reconocidos por el consumidor, es decir, para el maestro Jalife la marca es la "memoria del producto", ya que cuando el consumidor elige un producto o un servicio de una pluralidad de competidores, dicha adquisición obedece a la experiencia previa en torno a la marca seleccionada, con miras a revivir una experiencia de consumo satisfactoria. En consecuencia, la marca cumple asimismo una función social, de ahí que los niveles de calidad de los productos o servicios amparados bajo el signo distintivo no deben de disminuir o menguar aunque los productos o servicios bajo la marca estén posicionados en el mercado de tiempo atrás, por lo que dicha disminución en la calidad de los productos o servicios deberá de considerarse como un "fraude al público", cuando no haya previamente una advertencia a los consumidores sobre dicho descenso en la calidad.[63]

El artículo 172 de la Ley Federal de Protección a la Propiedad Industrial establece que podrán constituir una marca los siguientes signos distintivos:

I. Denominaciones, letras, números, elementos figurativos y combinaciones de colores, así como los signos holográficos, es decir, aquellas marcas nominativas, figurativas o mixtas apreciables por el sentido de la vista. Desde la reforma de mayo de 2018 y la publicación de la Ley Federal de Protección a la Propiedad Industrial de 2020, el legislador incorpora como marca registrable al holograma u holografía, entendiéndose por ello una técnica fotográfica que, empleando rayo láser, crea imágenes tridimensionales, con lo que se modifica el criterio previsto por la fracción I del artículo 90 de la abrogada Ley de la Propiedad Industrial, la cual establecía que no serían registrables como marca "las denominaciones, figuras o formas tridimensionales animadas o cambiantes, que se expresan de manera dinámica, aun cuando sean visibles". Se trata de "imágenes que parecen tener movimiento al verlas desde diferentes ángulos. Por lo general, son utilizadas para generar confianza en el público, ya que se asocian a la autenticidad de un producto".[64]

II. Formas tridimensionales, a saber, marcas que distingan envoltorios, empaques, envases, la forma o la presentación de los productos, conforme lo establece el artículo 53 del Reglamento de la Ley de la Propiedad Industrial, siempre que cuenten con características relevantes y originales que acrediten su distintividad. Sobre el particular, el doctor Mauricio Jalife apunta: "Un ejemplo de marca tridimensional no constitutiva del envase del producto son las empleadas por muchos fabricantes de automóviles, que aplican su logotipo en forma tridimensional en el frente del auto, como fácilmente se recuerda en el caso de la marca 'Mercedes' (Benz), o la cabeza de carnero que emplean las camionetas 'Ram'".[65]

III. Nombres comerciales y denominaciones o razones sociales, siempre que no se ubiquen dentro de las hipótesis marcadas por el artículo 173 de la misma ley, o sea, aquellas marcas que distingan negociaciones mercantiles.

IV. El nombre propio de una persona física, siempre que no se confunda con una marca registrada o un nombre comercial publicado ni esté comprendido en las prohibiciones del artículo 173 de la Ley Federal de Protección a la Propiedad Industrial, en particular en relación con la fracción XIII.[66] Asimismo, cabe advertir que serán susceptibles de registro como marca otros derechos de la personalidad, tales como la propia imagen, la voz identificable, el retrato y las firmas de personas, siempre y cuando medie el consentimiento expreso del titular o de los causahabientes.

V. Los sonidos, o la combinación de éstos, siempre y cuando sean distintivos y cumplan una función diferenciadora para el consumidor al ser apreciados por el sentido del oído. En este apartado cabe hacer mención que la ley pudo establecer que, a la par de sonidos, las notas musicales son susceptibles de constituir la llamada "marca sonora". Son sonidos utilizados para distinguir un producto o servicio. Conforme la información asequible en el sitio web del Instituto Mexicano de la Propiedad Industrial, para solicitar el registro de sonidos se les debe representar mediante un pentagrama, fonograma u onomatopeya y acompañar la solicitud con el soporte material que los contenga (CD, DVD o USB).[67]

VI. Los olores, es decir, aquellos aromas o signos odoríficos susceptibles de apreciarse o percibirse por el consumidor promedio con el sentido del olfato y que cumplan con una función diferenciadora frente a otros olores o aromas producidos en el mercado. "Son aromas de productos o asociados a servicios que permiten distinguirlos de otros. Estos aromas deben ser añadidos y no ser una característica intrínseca del producto o servicio. Por ejemplo, puede registrarse la marca olfativa de una pintura de casas con olor a bambú, pero no la de un perfume con olor a perfume".[68]

VII. La pluralidad de elementos operativos, elementos de imagen, incluidos, entre otros, el tamaño, diseño, color, disposición de la forma, etiqueta, empaque, la decoración o cualquier otro que al combinarse distingan productos o servicios en el mercado, es decir, la ley reconoce expresamente la protección de la *imagen corporativa* o *negocial,* también conocida como *trade dress.* "Es el conjunto de características como color, forma, etiqueta y empaque, entre otros, que combinadas y ordenadas en cierta disposición permiten al consumidor identificar claramente un producto o servicio".[69]

VIII. La combinación de los signos enunciados en los numerales anteriores.

Al respecto, Carlos Viñamata[70] propone la siguiente clasificación de las marcas:

1) Marcas materiales, visibles y palpables (nominativas, figurativas y tridimensionales).
2) Marcas inmateriales (gustativas, olfativas o auditivas).
3) Marcas bidimensionales (etiquetas, impresos, dibujos).
4) Marcas tridimensionales (envoltorios, empaques, envases, la forma o la presentación de los productos).
5) Marcas nominativas (incluyen una o varias palabras o números o la combinación de ambos).
6) Marcas emblemáticas (fotografías, logotipos, dibujos, etc.).
7) Marcas mixtas (comprenden una combinación de logotipos, dibujos y denominaciones).
8) Marcas para amparar productos (conforme al artículo 176 de la Ley Federal de Protección a la Propiedad Industrial,[71] protege artículos y cosas tangibles).
9) Marcas de servicios (conforme al artículo 176 de la Ley Federal de Protección a la Propiedad Industrial, protege intangibles).
10) Marcas de fábrica (sirven para identificar los productos de industriales y fabricantes).
11) Marcas de comercio (se relacionan con actividades mercantiles).
12) Marcas nacionales (aquéllas registradas en México).
13) Marcas extranjeras (aquellas marcas registradas en otro país que circulan en México estando o no registradas, o aquellas marcas registradas en su país de origen que se registran en México haciendo valer el derecho de prioridad previsto en el Convenio de París [artículo 4 C.1] y que garantiza al titular que la marca de la cual es titular no será otorgada a tercero alguno).
14) Marcas notoriamente conocidas y famosas (reguladas en los artículos 190 a 196 de la Ley Federal de Protección a la Propiedad Industrial).

15) Marcas obligatorias (aquellas que se registran por mandato del Instituto Mexicano de la Propiedad Industrial conforme al artículo 234 de la Ley Federal de Protección a la Propiedad Industrial).
16) Marcas de garantía (aquellas que sirven para dar certeza al consumidor sobre la calidad o autenticidad de un producto, por ejemplo, la leyenda "Hecho en México" conforme al Acuerdo por el que se establecen las condiciones y requisitos para el otorgamiento de la autorización y el uso del emblema Hecho en México, publicado en el *Diario Oficial de la Federación* el 22 de noviembre de 2018).
17) Marcas de protección (aquellas marcas que se registran por un solo titular en formas similares en grado de confusión o en diversas clases de la clasificación internacional a fin de evitar que los competidores registren deslealmente denominaciones similares que generen confusión en el público consumidor).
18) Marcas ligadas (conforme a lo establecido en los artículos 253 a 255 de la Ley Federal de Protección a la Propiedad Industrial,[72] esta clasificación se refiere a marcas que se registran por un mismo titular en formas similares en grado de confusión y que aplican a los mismos o similares productos o servicios y que no podrán transmitirse de manera aislada, sino que deberán cederse en forma conjunta).
19) Marcas vinculadas (en una alianza comercial o para efectos de una estrategia de mercadotecnia, una marca de origen extranjero se liga con una marca nacional).
20) Marcas simples (son utilizadas por una o varias personas físicas o morales para proteger un producto o servicio determinado).
21) Marcas colectivas (conforme a las reglas previstas en los artículos 179 a 182 de la Ley Federal de Protección a la Propiedad Industrial).

Junto con el carácter distintivo de la marca, su novedad, licitud y veracidad, será preciso considerar que el signo distintivo debe ser especial en el sentido de que sólo aplica a la categoría de productos o servicios para la que ha sido diseñada o dirigida, por lo que desde la solicitud se deberá indicar la clase o tipo de producto o servicio dentro de la Clasificación Internacional de Productos y Servicios para registro de Marcas, prevista en el Arreglo de Niza, toda vez que el alcance de protección de la marca se limita a tales productos o servicios para los que fue registrada. Al respecto, la ley de la materia establece:

> Artículo 176.- Las marcas se registrarán en relación con productos o servicios determinados conforme a la clasificación y reglas que establezca el Reglamento de esta Ley.
> Cualquier duda respecto de la clase a que corresponda un producto o servicio será resuelta en definitiva por el Instituto.

Se debe considerar igualmente el "principio de territorialidad", el cual establece que el ámbito de validez de un registro marcario corresponde al territorio de los Estados Unidos Mexicanos, sin poder rebasar, por lo tanto, sus fronteras.[73] Asimismo, conforme al artículo 178 de la actual Ley invocada, el registro de marca tendrá una vigencia de diez años, contados a partir de la fecha de su otorgamiento, y podrá renovarse por periodos de la misma duración, es decir, existe una limitación temporal renovable al derecho de uso de la marca.[74] Es preciso hacer notar que para el caso de marcas habrá un ámbito de validez especial derivado del tipo de productos que ampare el signo distintivo a fin de diferenciar otros productos o servicios de la misma especie o clase. A este principio diferenciador se le conoce como "principio de especialidad", por virtud del cual, interpretando *a contrario sensu*, en ciertos casos, el derecho exclusivo de uso de la marca otorgado a un titular se limita a un determinado mercado y a una determinada especie o clase de producto. El principio de especialidad no sujeta a las marcas notorias y famosas.[75]

En esa tesitura, los efectos de los derechos marcarios se pueden extinguir por los siguientes supuestos:

a. Por nulidad, conforme al artículo 258 de la Ley Federal de Protección a la Propiedad Industrial:

El registro de una marca será nulo cuando:

I.- Se haya otorgado en contravención de las disposiciones de esta Ley o la que hubiese estado vigente en la época de su registro.

No obstante lo dispuesto en esta fracción, la acción de nulidad no podrá fundarse en la impugnación de la representación legal del solicitante del registro de la marca, ni en trámites relativos a su otorgamiento o vigencia;

II.- La marca sea idéntica o semejante en grado de confusión, a otra que haya sido usada en el país o en el extranjero con anterioridad a la fecha de presentación de la solicitud de la marca registrada y se aplique a los mismos o similares productos o servicios, siempre que, quien haga valer el mejor derecho por uso anterior, compruebe haber usado una marca ininterrumpidamente en el país o en el extranjero, antes de la fecha de presentación o, en su caso, de la fecha de primer uso declarado por el que la registró.

Podrá declarase la nulidad parcial del registro, únicamente respecto de los productos o servicios que éste protege;

III.- El titular del registro no demuestre la veracidad de la fecha de primer uso declarada en la solicitud;

IV.- Se haya otorgado por error, inadvertencia, o diferencia de apreciación, existiendo una solicitud en trámite presentada con anterioridad o un registro vigente que se considere invadido, por tratarse de una marca que sea igual o semejante en grado de confusión y que se aplique a servicios o productos iguales o similares.

Podrá declarase la nulidad parcial del registro, únicamente respecto de los productos o servicios que éste protege;

V.- El agente, representante legal, usuario o distribuidor del titular o cualquier otra persona que haya tenido relación, directa o indirecta, con el titular de una marca registrada en el extranjero, solicite y obtenga el registro de ésta u otra semejante en grado de confusión, a su nombre sin el consentimiento expreso del titular de la marca extranjera, y

VI.- Se haya obtenido de mala fe.

Las acciones de nulidad previstas en las fracciones II, III y IV del presente artículo podrán ejercitarse dentro de un plazo de cinco años, contado a partir de la fecha en que surta sus efectos la publicación del registro en la Gaceta. Las relativas a las fracciones I, V y VI podrán ejercitarse en cualquier tiempo.

En la resolución que declare la nulidad parcial, el Instituto ordenará se asiente en el título respectivo una anotación marginal, en la cual se harán constar las modificaciones a éste, así como las causas que la originaron.

Cabe destacar que una novedad introducida a la Ley Federal de Protección a la Propiedad Industrial es que podrá declararse la nulidad parcial de los registros de marca, únicamente respecto a los productos o servicios que éstos protejan.

Conforme al artículo 178 de la Ley Federal de Protección a la Propiedad Industrial, "el registro de marca tendrá una vigencia de diez años contados a partir de la fecha de su otorgamiento y podrá renovarse por periodos de la misma duración". Asimismo, "al momento de solicitar el registro de una marca, así como al momento de su renovación, el interesado declarará bajo protesta de decir verdad que los productos o servicios que ofertará se encuentran libre de engaño o mala fe", sobre la base de que "las autoridades competentes determinen que dicho producto o servicio viola las disposiciones legales vigentes que le resulten aplicables", en cuyo caso, "el Instituto podrá iniciar el procedimiento de declaración administrativa de nulidad del registro respectivo".

b. Por caducidad, conforme a lo establecido por el artículo 260 de la Ley Federal de Protección a la Propiedad Industrial:

El registro caducará en los siguientes casos:

I.- Cuando no se renueve en los términos de esta Ley;

II.- Cuando la marca haya dejado de usarse durante los tres años consecutivos inmediatos anteriores a la solicitud de declaración administrativa de caducidad, salvo que exista causa justificada a juicio del Instituto.

El registro también podrá caducar parcialmente respecto de los productos o servicios en los que no se acredite el uso, salvo que exista causa justificada a juicio del Instituto, y

III.- Cuando no se realice la declaratoria de uso real y efectivo, en los términos que dispone el artículo 233 de esta Ley.

Es de advertir que la caducidad a la que se refieren las fracciones I y III del artículo en estudio no requerirá de declaración administrativa por parte de la autoridad. Asimismo, es preciso resaltar que se estableció en la nueva ley que los registros de marca podrán caducar parcialmente respecto de los productos o servicios en los que no se acredite el uso, salvo causa justificada a juicio del Instituto Mexicano de la Propiedad Industrial.

En relación con el tema de los programas de cómputo y el uso de la marca con que se identifica en el mercado, juzgo conveniente transcribir el siguiente criterio jurisprudencial:

Décima Época
Registro digital: 2009979
Instancia: Tribunales Colegiados de Circuito
Tesis Aislada
Fuente: Gaceta del Semanario Judicial de la Federación
Libro 22, Septiembre de 2015, Tomo III
Materia(s): Administrativa
Tesis: I.1o.A.117 A (10a.)
Página: 2193

PROGRAMAS DE CÓMPUTO Y SOFTWARE. EL USO DE LA MARCA CON QUE SE IDENTIFICAN EN EL MERCADO ES SUSCEPTIBLE DE ACREDITARSE MEDIANTE LOS DOCUMENTOS QUE EVIDENCIEN LA COMERCIALIZACIÓN DE LA LICENCIA DE USO RESPECTIVA.

Utilizar una marca registrada implica, sustancialmente, que su propietario ponga a disposición del consumidor en territorio nacional el bien que fabrica o el servicio que provee, identificándolo con el signo que registró, a efecto de que éste lo distinga respecto de los demás bienes que se ofertan en el mercado. Ahora bien, la forma en que se comercializa un producto o servicio en particular es definida, entre otros aspectos, por su naturaleza, motivo por el cual ésta debe tenerse en cuenta

al momento de examinar la eficacia de aquellos elementos de convicción que su titular aporte para demostrar esa circunstancia. En ese contexto, si se toma en cuenta que un programa de cómputo y el software son bienes intangibles, producto del intelecto humano y el desarrollo tecnológico, protegidos por la Ley Federal del Derecho de Autor, cuya materialización no se limita a un soporte físico en particular, y que su valor económico deriva de los derechos exclusivos de carácter patrimonial que obtienen sus propietarios con relación a ellos, el cual se explota, regularmente, a través del precio que cobran por concepto de la licencia de uso que expenden a terceros para su legal empleo, se debe concluir que esa clase de bienes en particular se introducen al mercado, precisamente, a través de la comercialización de dichas licencias al público consumidor, razón por la cual, los documentos que evidencien tales transacciones son aptos para probar la utilización del signo distintivo respectivo.
PRIMER TRIBUNAL COLEGIADO EN MATERIA ADMINISTRATIVA DEL PRIMER CIRCUITO.
Amparo directo 68/2015. Salesforce.com, Inc. 28 de mayo de 2015. Unanimidad de votos. Ponente: Julio Humberto Hernández Fonseca. Secretario: Luis Felipe Hernández Becerril.
Esta tesis se publicó el viernes 11 de septiembre de 2015 a las 11:00 horas en el Semanario Judicial de la Federación.

c. Por lo que hace a la cancelación de signos distintivos, la Ley Federal de Protección a la Propiedad Industrial, en sus artículos 261 y 262 establece a la letra:
   Artículo 261.- Procederá la cancelación del registro de una marca, si su titular ha provocado o tolerado que se transforme en una denominación genérica que corresponda a uno o varios de los productos o servicios para los cuales se registró, de tal modo que, en los medios comerciales y en el uso generalizado por el público, la marca haya perdido su carácter distintivo, como medio de distinguir el producto o servicio a que se aplique.
   Artículo 262.- El titular de una marca registrada podrá solicitar, en cualquier tiempo, la cancelación voluntaria de su registro. El Instituto podrá requerir la ratificación de la firma.

Conforme al artículo 263 del ordenamiento en cita, las declaraciones de nulidad, caducidad o cancelación del registro de marca se harán administrativamente por la autoridad, ya de oficio, ya a petición de parte o a instancia del Ministerio Público Federal, en el caso de que la federación tenga interés.

La declaración de nulidad destruirá retroactivamente los efectos del registro, a la fecha de su otorgamiento, en caso de que la resolución que se dicte al respecto quede firme. La declaración de caducidad destruirá los efectos del registro, una vez que la resolución respectiva sea exigible.

Ahora bien, en materia de videojuegos y sus contiendas, las marcas pueden ser aplicables para distinguir lo siguiente:

a. Dentro de la clasificación internacional número 28 para juegos y número 35 para administración de negocios respectivamente, los nombres de videojuegos y empresas productoras de los mismos, *v.g. League of Legends, FIFA* (para distinguir el videojuego y el organismo internacional de futbol), *PES, Warcraft III,* Atari, Intellivision, *Space Invaders, Asteroids, Call of Duty, Halo 5,* entre otros.
b. Dentro de la clasificación internacional número 41 para la protección de actividades deportivas, para distinguir nombres, apodos de jugadores famosos o *gamers (gamertag), v.g.* KuroKy, Faker, Sinatraa, NEO, Universe o Promise,[76] o los mexicanos Iron Mensajero, Dezonide o MKLeo, campeón de *Super Smash Bros.* en el torneo *Evolution Series Japan,* edición 2018. Es posible cuestionarse si los nombres de jugadores de deportes electrónicos podrían ser protegidos acumuladamente como una reserva de derechos a la luz de la Ley Federal del Derecho de Autor, tópico que se abordará más adelante.
c. Dentro de la clasificación internacional número 41 para la protección de actividades deportivas, los nombres de las contiendas o torneos de *e-sports, v.g.* World Championship of League of Legends, Counter-Strike: Global Offensive (que engloba varios torneos), Dota 2 Championship, entre otros.

d. Dentro de la clasificación internacional número 41 para la protección de actividades deportivas, los nombres de las ligas de *e-sports, v.g.* Overwatch League, Rocket League Championship Series, que enfrenta en dos temporadas anuales a equipos de Europa y Norteamérica, Liga Mexicana de Videojuegos, Mexican Esports League (MEL), Gamelta, entre otras.
e. Dentro de la clasificación internacional número 35 o 41, los nombres de equipos de *gamers, v.g.* Shalke-04 o Universidad Católica de Chile, pudiéndose incluir en este rubro a las llamadas *gamers* o *gaming houses,* a saber, aquellos emplazamientos o domicilios donde los jugadores de videojuegos viven concentrados en la preparación, entrenamiento y desarrollo de habilidades y estrategias de juego, así como relaciones públicas con gastos solventados por patrocinadores, equipos o ligas de deportes electrónicos.
f. Cabe hacer mención que las denominaciones de las *gamers o gaming houses* podrían ser protegidas a través de la figura del nombre comercial, dado que estamos en presencia de una especie de establecimiento empresarial, comercial o de relaciones públicas, al existir la posibilidad de que se conceda el derecho a su uso exclusivo, sin necesidad de registro conforme lo establece el artículo 206 de la Ley Federal de Protección a la Propiedad Industrial (artículo 105 de la Ley de la Propiedad Industrial). Es importante hacer notar que la protección abarcará únicamente la zona geográfica de la clientela efectiva de la empresa o establecimiento al que se aplique el nombre comercial, y se extendería a toda la República si existiese difusión masiva y constante a nivel nacional del mismo, no obstante lo anterior, al existir la posibilidad legal de registrar marcas dentro de la clasificación internacional número 35 o 41, la figura del nombre comercial la considero rebasada.
g. Las *gamers o gaming houses* pueden implicar una pluralidad de elementos operativos o elementos de imagen empresarial o negocial, incluidos el tamaño, diseño, color, disposición de

la forma, la decoración o cualquier otro que, al combinarse, distingan los servicios en el mercado, susceptibles de protegerse a través del *trade dress*.

h. Las "cortinillas" o temas musicales de los videojuegos podrán ser protegidos como "marcas sonoras", es decir, sonidos, notas o su combinación, siempre y cuando sean distintivos y que, al incorporarse a los juegos de video, pueden tener una importante función diferenciadora. Son célebres los temas musicales de videojuegos famosos como *Froger*, *E.T.* (que usaba bajo licencia el tema musical de la película de Steven Spielberg) o *Street Fighter II*.
i. Respecto a las marcas no tradicionales, que emplean pluralidad de elementos operativos o de imagen (*trade dress* o imagen comercial), incluyendo el tamaño, diseño, color, disposición de formas, decoración o cualquier otro elemento que, al combinarse, distingan productos o servicios en el mercado, tenemos que las páginas de internet (interfaces o mapa de sitio) o un ambiente o ecosistema en un juego electrónico, es decir, el aspecto del sitio o de un juego electrónico y las sensaciones resultantes de la interacción en el juego para los usuarios, serán susceptibles de protección marcaria a la luz de lo establecido por la fracción VII del artículo 172 de la Ley Federal de Protección a la Propiedad Industrial.
j. Asimismo, ante la posibilidad de registrar como marca a la imagen comercial, se podrían proteger ambientes o ecosistemas del "metaverso",[77] tales como tiendas o representaciones comerciales virtuales en tercera dimensión, donde se celebrarán actos de comercio entre las personas que actúan por medio de avatares o con la inteligencia artificial, que las propias plataformas provean a guisa de dependientes en tienda.
k. Finalmente, los juegos electrónicos llegaban a editarse en empaques novedosos que pudiesen ser protegidos como marcas tridimensionales.

5.1.3 *Los avisos comerciales y su regulación en los deportes electrónicos*

Como ya lo sostuvimos antes, a la par de un sinnúmero de marcas relacionadas con los deportes electrónicos, está también la posibilidad legal de registrar avisos comerciales o *slogans*. Se considera aviso comercial a las "frases u oraciones que tengan por objeto anunciar al público establecimientos o negociaciones comerciales, industriales o de servicios, productos o servicios, para distinguirlos de otros de su misma especie o clase en el mercado" (artículo 201 de la Ley Federal de Protección a la Propiedad Industrial, antes artículo 100 de la Ley de la Propiedad Industrial).

> Con el aviso comercial se particularizan las originales frases publicitarias que forman la literatura de que se valen los medios de comunicación, para difundir las marcas, los nombres comerciales y las denominaciones de origen (...) aviso comercial, también conocido como anuncio comercial.[78]

Conforme al artículo 202 de la Ley Federal de Protección a la Propiedad Industrial, si el aviso comercial tiene por objeto anunciar productos o servicios, éstos deberán especificarse en la solicitud de registro.

Así, el objeto de la figura en comento es divulgar y publicitar productos o servicios al público consumidor para distinguirlos de otros de su misma especie o calidad, siempre relacionados con las marcas anunciadas. Asimismo, conforme al artículo 204 de la Ley Federal de Protección a la Propiedad Industrial, el registro del aviso comercial tendrá una vigencia de diez años, contados a partir de su otorgamiento y podrá renovarse por periodos de la misma duración; es decir, existe una limitación temporal renovable al derecho de uso de este signo distintivo. Los avisos comerciales se regirán, en lo que no haya disposición especial, por lo establecido en la ley de la materia para las marcas.[79]

Lo anterior se ilustra por medio del siguiente criterio jurisprudencial:

AVISOS COMERCIALES. NO SON REGISTRABLES LOS QUE SEAN GENÉRICOS, DESCRIPTIVOS O USUALES DEL PRODUCTO O SERVICIO QUE PRETENDAN AMPARAR O AQUELLOS QUE, SIN HABER SIDO INICIALMENTE LA DESIGNACIÓN COMÚN DE ÉSTE, SE CONVIERTAN, POR EL TRANSCURSO DEL TIEMPO, EN SU NOMBRE O DENOMINACIÓN GENÉRICA.

De conformidad con los artículos 90, fracción IV y 104 de la Ley de la Propiedad Industrial, la prohibición para registrar una marca cuyas características sean descriptivas de los productos o servicios que traten de protegerse con ella, aplica también a los avisos comerciales. Así, es preciso distinguir cuándo se está en presencia de una marca o aviso comercial genérico o descriptivo, para lo cual debe precisarse que el signo genérico es el que designa de forma usual y común el producto o servicio, es decir, con el mismo vocablo o término con el que es conocido en el mercado, mientras que se considera descriptivo cuando alude a la cualidad, características o propiedades inherentes al producto o servicio que pretende distinguir. En estas condiciones, la mencionada prohibición se asienta sobre un doble fundamento, por un lado, en la falta de carácter distintivo de los signos descriptivos, pues lejos de denotar el origen empresarial de los productos o servicios, proporcionan al público información acerca de las propiedades y características intrínsecas de los bienes o servicios y, en segundo, en la necesidad de mantener libremente disponibles los signos descriptivos, a fin de que puedan ser utilizados por todos los empresarios que operan en el sector de mercado correspondiente. Por tanto, se concluye que no son registrables los avisos comerciales que sean genéricos, descriptivos o usuales del producto o servicio que pretendan amparar, o aquellos que, sin haber sido inicialmente la designación común de éste, se conviertan, por el transcurso del tiempo, en su nombre o denominación genérica, porque pierden distintividad.

CUARTO TRIBUNAL COLEGIADO EN MATERIA ADMINISTRATIVA DEL PRIMER CIRCUITO.

Amparo directo 105/2011. Radiomóvil Dipsa, S.A. de C.V. 17 de marzo de 2011. Unanimidad de votos. Ponente: Jesús Antonio Nazar Sevilla. Secretario: Víctor Octavio Luna Escobedo.

Sobre los avisos comerciales, el doctor Mauricio Jalife apunta:

> Es importante destacar que las palabras "frases u oraciones" a que se refiere el precepto (artículo 100 de la Ley de la Propiedad Industrial, artículo 201 de la Ley Federal de Protección a la Propiedad Industrial), no debe interpretarse como sinónimos, sino que atienden a la diferencia que su individual concepto en cada caso importa. En el caso de frase, ésta se entiende como conjunto de palabras que hacen sentido; en cambio, en el caso de oración, ésta suele entenderse como el conjunto de palabras que hacen sentido que contienen sustantivo y verbo (...) En términos actuales, nada parece inhibir que, si se trata de una frase u oración, cualquiera que sea su construcción, contenido o extensión, se conceda el registro (...) Es común que cuando un comerciante o prestador de servicios emplea una cierta frase u oración para distinguir o anunciar sus productos o servicios, el consultor examine la posibilidad de registrar dicha frase no sólo como aviso comercial, sino también como marca, lo que suele brindar algunas ventajas significativas.[80]

Existen en el mundo de los deportes electrónicos diversos avisos comerciales o *slogans* por medio de los cuales se anuncian al público los productos en mención para distinguirlos de los de su especie y/o competencia; un ejemplo de lema comercial aplicado al tema que nos ocupa es el del famoso juego de futbol soccer de *FIFA*, creado por la empresa EA Sports: *It's in the game!*

5.1.4 Publicidad a través de videojuegos o advergaming

La publicidad a través de videojuegos o *advergaming* es la técnica para emprender campañas publicitarias por medio de videojuegos y promover marcas de productos o servicios, buscando con ello ampliar el mercado y llegar a más consumidores. Los juegos diseñados a través de esta técnica publicitaria pueden distribuirse *online* en forma gratuita, con el fin de hacerlos asequibles para cualquier dispositivo del público en general, considerado como el consumidor potencial de importantes marcas, productos, servicios y sus titulares, que se anuncian por este medio. Se precisa distinguir el *advergaming* de la publicidad insertada dentro de un videojuego; por ejemplo, los *banners* dentro de los estadios en videojuegos relacionados con disciplinas deportivas, mientras que en la publicidad insertada en videojuegos la marca resulta secundaria, en el *advergaming*, la presencia de la marca es primordial.[81]

De acuerdo con el artículo 73 de la Ley Federal del Derecho de Autor son contratos publicitarios "los que tengan por finalidad la explotación de obras literarias o artísticas con fines de promoción o identificación en anuncios publicitarios o de propaganda a través de cualquier medio de comunicación". Conforme al artículo 74 del ordenamiento autoral multicitado,

> los anuncios publicitarios o de propaganda podrán ser difundidos hasta por un periodo máximo de seis meses a partir de la primera comunicación. Pasado este término, su comunicación deberá retribuirse, por cada periodo adicional de seis meses, aun cuando sólo se efectúe en fracciones de ese periodo, al menos con una cantidad igual a la contratada originalmente. Después de transcurridos tres años desde la primera comunicación, su uso requerirá la autorización de los autores y de los titulares de los derechos conexos de las obras utilizadas.

De igual forma, la publicidad a través de videojuegos ha sido regulada recientemente por la Ley para la Transparencia, Prevención y Combate de Prácticas Indebidas en Materia de Contratación de Publicidad, publicada en el *Diario Oficial de la Federación* el día 3 de junio de 2021; en su artículo 1o., en atención a al artículo 28 constitucional, esta ley determina como objeto de la norma promover la transparencia en el mercado de la publicidad, así como prevenir y combatir prácticas comerciales que constituyen una ventaja indebida a favor de personas determinadas en perjuicio de los anunciantes y, en última instancia, de los consumidores.

Conforme al artículo 3o. de la Ley para la Transparencia, Prevención y Combate de Prácticas Indebidas en Materia de Contratación de Publicidad, son regulados los sujetos denominados agencias de medios, es decir las personas físicas o jurídicas abocadas a la creación, diseño, planificación y ejecución de campañas publicitarias, así como la contratación de espacios publicitarios por cuenta y orden de "anunciantes", a saber, las personas físicas o morales en cuyo interés se realiza la publicidad para dar a conocer las características o beneficios de sus productos y/o servicios. Lo anterior, en concordancia con lo estipulado en contratos de publicidad, acuerdos de voluntades en los cuales los anunciantes encomiendan a las agencias de medios, mediante una contraprestación, la creación, planificación, ejecución y difusión de contenidos publicitarios. Desde luego, la actividad publicitaria se lleva a cabo en medios de comunicación, y según la fracción VII del artículo 3o. del ordenamiento en cita, se trata de la persona física o moral que por medio de ejemplares impresos, las telecomunicaciones, la radiodifusión, las señales satelitales, Internet, la fibra óptica, el cable o cualquier otro medio de transmisión, difunde espacios publicitarios.

Ahora bien, entre las actividades de publicidad,[82] desplegadas por las agencias de medios en beneficio de los anunciantes, se encuentra la publicidad digital, por la cual se entiende aquel "lugar que las plataformas digitales conectadas a Internet, como páginas web y aplicaciones móviles, destinan para insertar anuncios publicitarios en línea"; mientras tanto, por publicidad digital programática se debe entender la publicidad digital vendida por medio de mecanismos automatizados, en particular a través de subastas en tiempo real, que establecen como criterio principal de venta el acceso a audiencias con perfiles segmentados.[83]

El artículo 11 de la Ley para la Transparencia, Prevención y Combate de Prácticas Indebidas en Materia de Contratación de Publicidad estipula que las infracciones y denuncias derivadas de sus disposiciones, se sustanciarán y procesarán por la Comisión

Federal de Competencia Económica de conformidad con los procedimientos previstos por la Ley Federal de Competencia Económica, sin perjuicio de las responsabilidades civiles y penales que procedan.

5.2 Derechos de autor y derechos conexos

Como se hizo mención anteriormente, la Ley Federal del Derecho de Autor es la disposición jurídica fundamental en derechos de autor, reglamentaria del artículo 28 constitucional, la cual no sólo regula a los derechos de autor, sino también a otras figuras relacionadas con éstos. Así, el artículo 1o. de dicha ley establece la protección para los derechos de autor, derechos conexos y otros derechos de propiedad intelectual, como bases de datos no originales, el ISBN, el ISSN, las reservas de derechos y el derecho a la propia imagen. El precepto en comentario establece a la letra:

> Artículo 1o. de la Ley Federal del Derecho de Autor.- La presente Ley, reglamentaria del artículo 28 constitucional, tiene por objeto la salvaguarda y promoción del acervo cultural de la Nación; protección de los derechos de los autores, de los artistas intérpretes o ejecutantes, así como de los editores, de los productores y de los organismos de radiodifusión, en relación con sus obras literarias o artísticas en todas sus manifestaciones, sus interpretaciones o ejecuciones, sus ediciones, sus fonogramas o videogramas, sus emisiones, así como de los otros derechos de propiedad intelectual.

El doctor Horacio Rangel, quien prologa la obra *Teoría y práctica del derecho de autor*, del doctor Jesús Parets, considera al derecho de autor como "las normas que rigen las formas de adquisición, conservación, ejercicio, respeto, defensa y terminación de los derechos que recaen sobre las obras de arte, también llamadas obras del espíritu".[84] Si bien el doctor Rangel define la protección a los derechos de autor, se abstiene de incluir a los derechos conexos y otros derechos de propiedad intelectual. Mientras tanto, para Adolfo Loredo Hill, los derechos de autor son un "conjunto de normas de derecho social que protegen el privilegio que el Estado otorga por determinado tiempo, a la actividad creadora de autores y artistas, ampliando sus efectos en beneficio de intérpretes y ejecutantes. El derecho de autor pertenece al extenso mundo de las ideas".[85] En torno a la cita anterior, cabe anotar que si bien es cierto que el derecho de autor es afín a las ideas, no existe óbice para creer que otras ramas de la ciencia del derecho no pertenezcan, asimismo, a tal "mundo de las ideas". Una nota importante sobre los derechos de autor es que para el artículo 758 del Código Civil Federal, estos derechos se consideran *bienes muebles,* no obstante, parece que el legislador confunde a estos derechos con las obras en sí o los propios soportes materiales de las obras.

Asimismo, siguiendo la metodología del extinto maestro Nicolás Pizarro, quien sostiene que

> el derecho de autor regula la creatividad humana generadora de los productos culturales llamados *obras.* Cuando la persona pone en juego su inteligencia, sensibilidad, talento y experiencia para expresar razonamientos, reflexiones, testimonios, intuiciones, sentimientos, mensajes, lleva a cabo un acto creativo que objetivado, se convierte en obra. La objetivación, por cierto, constituye el único requisito que exige el orden jurídico como condición para el otorgamiento de la protección en favor del autor y de su obra. Dicha objetivación consiste en que la obra debe constar en un soporte material para satisfacer tal requisito; una vez satisfecho, opera la protección sin más trámites.[86]

En seguimiento a dicha metodología, permitiré abordar los diversos conceptos involucrados en la materia en el orden en el que el propio maestro Pizarro lo plantea.

A) EL AUTOR

Por sus razones, se califican los autores.
AFORISMO JURÍDICO

El autor se define como "el que ha compuesto una obra literaria (...) tiene reconocido y asegurado, así por las antiguas leyes como las nuevas, el derecho de propiedad en sus obras".[87] El artículo 12 de la Ley Federal del Derecho de Autor (LFDA) define al autor como "la persona física que ha creado una obra literaria y artística".

> El primer rango del que se desprenden los demás se refiere al reconocimiento de la calidad de autor. A este respecto se establece un vínculo indisoluble, perpetuo -lo que implica que la protección trasciende la vida del autor- y sustancial entre el autor y su obra, de manera que ambos sujetos permanecen unidos por siempre, sin posibilidad de separación.[88]

Al respecto, el doctor Jesús Parets apunta: "Sólo el hombre es capaz de crear obras protegidas por el derecho de autor, en virtud de que goza de capacidad humana para llevar a cabo creaciones de diversa naturaleza que de forma original se hacen susceptibles de la tutela jurídica y que es parte del proceso de creación intelectual que ha referido".[89] Efectivamente, sólo la persona física con capacidad de goce está en la posibilidad legal de ser considerada como autor y la ley no discrimina dicha calidad, por lo que se reconocen y protegen los derechos de los autores independientemente de su nacionalidad, raza, género o condición; al respecto, el artículo 7o. de la LFDA establece:

> Artículo 7o.- Los extranjeros autores o titulares de derechos y sus causahabientes gozarán de los mismos derechos que los nacionales, en los términos de la presente Ley y de los tratados internacionales en materia de derechos de autor y derechos conexos suscritos y aprobados por México.

B) LA OBRA

Si bien es cierto que el maestro Nicolás Pizarro sostiene que el "acto creativo"[90] implica un proceso para llegar a la obra y que dicho proceso es susceptible de reconocerse mediante el derecho autoral, es claro advertir que conforme a la ley de la materia, mientras la idea creativa no llegue a un soporte material, a saber, una partitura, un lienzo, un texto, etcétera, no habrá protección posible; lo anterior a la luz de lo establecido por el artículo 14, fracción I de la Ley Federal del Derecho de Autor. Para el doctor Jesús Parets, obra es "toda creación original susceptible de ser divulgada o reproducida en cualquier forma o medio".[91]

Igualmente, de acuerdo con la clasificación del maestro Nicolás Pizarro, está el soporte material de la obra, que implica:

> Todo objeto puede constituir un soporte material que incorpore una obra. Citemos objetos extremos, como una roca de más de 10 toneladas de peso que constituye el soporte material de una obra artística (Tláloc, escultura) o un chip con un gramo de peso que incorpora un programa de cómputo. Entre ambos se encuentran las hojas de papel, lienzos, metales y cualquier objeto susceptible de incorporar una obra literaria y artística.
>
> Cabe hacer notar que para efectos de la inscripción de las obras en el Registro Público del Derecho de Autor, deben exhibirse ante el registrador dos soportes materiales que incorporen la obra o representaciones de ésta.
>
> La importancia del soporte material se deriva de que la protección opera a partir de la existencia del mismo.[92]

La ley de la materia en su artículo 6o. establece que fijación es "la incorporación de letras, números, signos, sonidos, imágenes y demás elementos en que se haya expresado la obra, o de las representaciones digitales de aquellos, que en cualquier forma o soporte material, incluyendo los electrónicos, permita su percepción, reproducción u otra forma de comunicación".

José Luis Caballero, citado por Claudia Viascán, sostiene que

> el derecho de autor no ampara las ideas, sino únicamente las creaciones formales que satisfacen el requisito de originalidad (...) la originalidad se verifica plenamente cuando la obra refleja de cualquier modo la personalidad del autor que la ha creado, por contener la forma de expresión que éste ha elegido; y que igualmente se cumple este requisito por el hecho de que la obra de que se trate no sea copia de otra preexistente.[93]

De acuerdo con el artículo 13 de la Ley Federal del Derecho de Autor, se reconocen respecto de las obras las siguientes ramas:

> I.- Literaria;
>
> II.- Musical, con o sin letra;
>
> III.- Dramática;
>
> IV.- Danza;
>
> V.- Pictórica o de dibujo;
>
> VI.- Escultórica y de carácter plástico;
>
> VII.- Caricatura e historieta;
>
> VIII.- Arquitectónica;
>
> IX.- Cinematográfica y demás obras audiovisuales;
>
> X.- Programas de radio y televisión;
>
> XI.- Programas de cómputo;
>
> XII.- Fotográfica;
>
> XIII.- Obras de arte aplicado que incluyen el diseño gráfico o textil, y
>
> XIV.- De compilación, integrada por las colecciones de obras, tales como las enciclopedias, las antologías, y de obras u otros elementos como las bases de datos, siempre que dichas colecciones, por su selección o la disposición de su contenido o materias, constituyan una creación intelectual.
>
> Las demás obras que por analogía puedan considerarse obras literarias o artísticas se incluirán en la rama que les sea más afín a su naturaleza.

Por su parte, el Convenio de Berna para la Protección de las Obras Literarias y Artísticas en su artículo 2o. establece lo siguiente:

> Artículo 2o: 1) Los términos "obras literarias y artísticas" comprenden todas las producciones en el campo literario, científico y artístico, cualquiera que sea el modo o forma de expresión, tales como los libros, folletos y otros escritos: las conferencias, alocuciones, sermones y otras obras de la misma naturaleza; las obras dramáticas o dramático-musicales; las obras coreográficas y las pantomimas; las composiciones musicales con o sin letra; las obras cinematográficas, a las cuales se asimilan las obras expresadas por procedimiento análogo a la cinematografía; las obras de dibujo, pintura, arquitectura, escultura, grabado, litografía; las obras fotográficas a las cuales se asimilan las expresadas por procedimiento análogo a la fotografía; las obras de artes aplicadas; las ilustraciones, mapas, planos, croquis y obras plásticas relativos a la geografía, a la topografía, a la arquitectura o a las ciencias.
>
> (...)
>
> 4) Queda reservada a las legislaciones de los países de la Unión la facultad de determinar la protección que han de conceder a los textos oficiales de orden legislativo, administrativo o judicial, así como a las traducciones oficiales de estos textos.
>
> 5) Las colecciones de obras literarias o artísticas tales como las enciclopedias y antologías que, por la selección o disposición de las materias, constituyan creaciones intelectuales estarán protegidas como tales, sin perjuicio de los derechos de los autores sobre cada una de las obras que forman parte de estas colecciones.
>
> 6) Las obras antes mencionadas gozarán de protección en todos los países de la Unión. Esta protección beneficiará al autor y a sus derechohabientes.
>
> 7) Queda reservada a las legislaciones de los países de la Unión la facultad de regular lo concerniente a las obras de artes aplicadas y a los dibujos y modelos industriales, así como lo relativo a los requisitos de protección de estas obras,

> dibujos y modelos, teniendo en cuenta las disposiciones del artículo 7.4) del presente Convenio. Para las obras protegidas únicamente como dibujos y modelos en el país de origen no se puede reclamar en otro país de la Unión más que la protección especial concedida en este país a los dibujos y modelos; sin embargo, si tal protección especial no se concede en este país, las obras serán protegidas como obras artísticas.

Es indudable la estrecha relación de los deportes electrónicos y los derechos de autor, en particular con las ramas de las obras reconocidas en el artículo 13 de la LFDA, de las que se vislumbran las siguientes áreas de oportunidad y protección:

1. Obras literarias: por medio de narraciones, novelas y guiones adaptados a los videojuegos.
2. Obras musicales, con o sin letra: a través de la música incidental que se compone o se adapta en torno a las obras en comentario.
3. Obras pictóricas, dibujos, caricaturas e historietas: que se observan en los innumerables dibujos, caricaturas y personajes protagonistas de los juegos electrónicos.
4. Obras arquitectónicas: con la recreación y diseño de escenarios o construcciones donde se desarrollan las aventuras en las que transitan las contiendas electrónicas.
5. Cinematográfica y demás obras audiovisuales: de las que se crean adaptaciones para incorporarlas a los videojuegos.
6. Programas de cómputo: que, como se abordará posteriormente, son los propios videojuegos protegidos en términos de los artículos 101 y subsecuentes de la ley autoral.
7. Obras de arte aplicado que incluyen el diseño gráfico o textil: derivadas de diseños de artículos de mercadería o publicidad de videojuegos como camisetas, gorras, carteles, gobelinos, entre otros productos promocionales, y que pueden ser objeto de protección acumulada a través de la figura de la reserva de derechos para promociones publicitarias o de los dibujos industriales, recordando que "el dibujo industrial es una disposición

de líneas o de colores que representan imágenes que producen un efecto decorativo original. Es un efecto de ornamentación que da a los objetos un carácter nuevo y específico".[94]

C) LOS TITULARES DE DERECHOS CONEXOS

Se trata de derechos de aproximación o emparentados con los derechos de autor. En este rubro se encuentran los artistas intérpretes y ejecutantes, al igual que las empresas culturales: editoriales, teatrales, cinematográficas, de radiodifusión, fonográficas, de computación y de espectáculos. Como se verá más adelante, los titulares de derechos conexos sirven de "eslabón" entre los autores y el público, toda vez que es por medio de un intérprete o de un ejecutante que una obra es eficientemente transmitida al usufructuario final de la creación. ¿Cuántas veces identificamos más fácilmente, por ejemplo, al intérprete de una canción que al propio autor? Lo mismo suele suceder en el caso de las empresas culturales, las cuales aportan recursos económicos para producir soportes materiales para que el público aprecie dichas obras.

Los derechos conexos, esto es, afines al derecho de autor u otros derechos de propiedad intelectual protegen prestaciones personales o técnico-empresariales que se configuran como auxiliares de la actividad creadora o contribuyen a su difusión; no constituye una obra, sino que se encuentra vinculada o resulta conexa al derecho de autor inherente a una obra, toda vez que se limita a fijar esa creación en un soporte material o digital, de tal manera que lo protegido por la Ley Federal del Derecho de Autor es una actividad generalmente empresarial y, por tanto, económica destinada a la producción masiva de bienes culturales.[95]

D) EL PÚBLICO

Finalmente, y de acuerdo con la metodología seguida, el público es el usufructuario de los productos intelectuales o del espíritu llamados "obras",[96] ya que en la lógica de un proceso cíclico, es en la sociedad en la que se genera y se inspira el autor para crear su obra, de tal suerte que transcurrido el plazo marcado por la ley, posteriormente a la muerte del autor y 100 años más, la obra pasa al dominio público, es decir, la creación intelectual se reincorpora a su origen al reconocerse como una gestación social.

Conforme al desarrollo del maestro Nicolás Pizarro, los derechos de autor se pueden esquematizar como se muestra en la figura 1.

Figura 1. Esquema de los derechos de autor

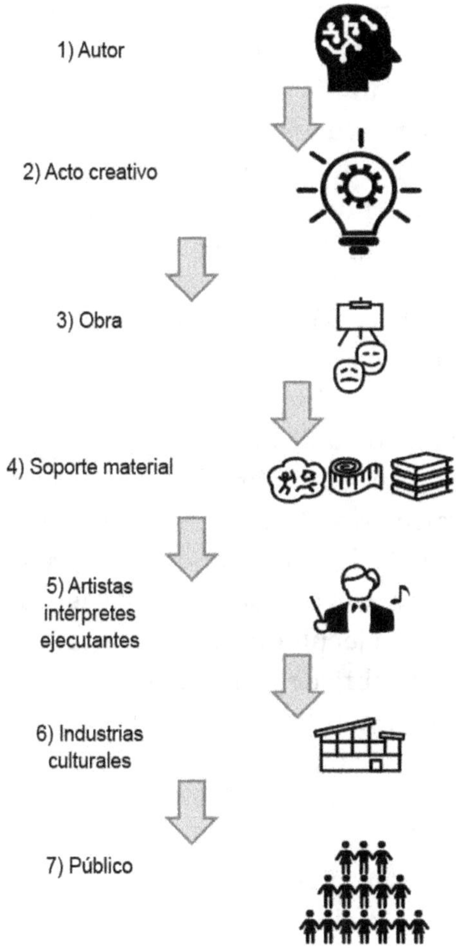

Fuente: Nicolás Pizarro.

5.2.1 Derechos morales y derechos patrimoniales

Derechos morales

Conforme al artículo 18 de la Ley Federal del Derecho de Autor, el autor es el único, primigenio y perpetuo titular de los derechos morales sobre las obras de su creación. El derecho moral es la facultad inmediata y directa que posee el autor para disponer de su obra, lo que implica ejercer dichas facultades desde su creación, amén de pugnar por el reconocimiento que los terceros le deben a su calidad de autor, llevar a cabo modificaciones a la obra, celebrar la transmisión de los derechos patrimoniales, hacer la defensa de la obra en contra de cualquier acto de terceros que viole derechos autorales, entre otras atribuciones. El derecho moral se considera unido al autor y es inalienable, imprescriptible, irrenunciable e inembargable (artículo 19 de la LFDA). Derivados del artículo 21 de la ley autoral, los derechos morales del autor se pueden dividir en las siguientes subgarantías:

a. Reconocimiento de la calidad de autor;
b. Crear y concluir la obra;
c. Modificar o destruir la obra;
d. Mantenerla inédita o publicar la obra;
e. Publicar la obra con el nombre del autor, por pseudónimo, pseudónimo transparente o en forma anónima;
f. Publicar la obra con el reconocimiento del grado académico, ministerial, militar o de cualquier índole del autor;
g. Elegir intérpretes o ejecutantes para la obra;
h. Colocar o retirar la obra del comercio;
i. Exigir se mantenga la integridad de la obra o su título;
j. Impedir su reproducción en forma imperfecta o alterada;
k. Oponerse a que se le atribuya al autor una obra que no es de su creación;
l. Iniciar las acciones legales pertinentes en contra de terceros que vulneren los derechos del autor (*ius prohibendi*).

Derechos patrimoniales

Los derechos patrimoniales del autor consisten en la facultad de éste para usar, explotar y usufructuar la obra por sí o por terceros. El autor es el titular originario del derecho patrimonial y sus herederos o causahabientes, por cualquier título, serán considerados titulares derivados. El artículo 24 de la Ley Federal del Derecho de Autor establece:

> Artículo 24.- En virtud del derecho patrimonial, corresponde al autor el derecho de explotar de manera exclusiva sus obras, o de autorizar a otros su explotación, en cualquier forma, dentro de los límites que establece la presente Ley y sin menoscabo de la titularidad de los derechos morales a que se refiere el artículo 21 de la misma.

Al respecto, el doctor Jesús Parets apunta:

> a diferencia de los derechos morales, los derechos patrimoniales no tienen carácter personal, en virtud de que tal titularidad puede tenerla el propio autor o un tercero al cual le haya cedido estos derechos, de forma tal, que los derechos patrimoniales representan el conjunto de facultades de carácter económico que tiene el autor o titular en su caso, para disponer sobre la explotación de la obra en cualquiera de las manifestaciones previstas por la Ley Federal del Derecho de Autor, tales como la reproducción, venta, arrendamiento, distribución y/o cualquier otra forma de comercialización de la obra, así como la comunicación pública, la transmisión y la retransmisión de la creación en cualquier modalidad, entre otras, mismas que tienen en común finalidad lucrativa; derechos que pueden ser transmitidos por causa de muerte en favor de herederos como titulares derivados.[97]

En efecto, los derechos patrimoniales de autor podrán ser transmitidos *inter vivos* a través de contratos de cesión, licencia, contratos de trabajo o de comisión, o *mortis causa,* vía testamentaria o intestamentaria. "El derecho pecuniario consiste en la retribución que corresponde al autor por la explotación, ejecución o uso de su obra con fines lucrativos. En contraposición a los derechos morales, se caracteriza por ser temporal, cesible, renunciable y prescriptible".[98]

Asimismo, cabe referir que a diferencia de los derechos morales que son imprescriptibles, los derechos patrimoniales tendrán una duración definida por el artículo 29 de la ley autoral, el cual establece que "estarán vigentes durante la vida del autor y, a partir de su muerte, 100 años más, cuando la obra le pertenezca a varios coautores los 100 años se contarán a partir de la muerte del último y 100 años después de divulgadas".

Según la ley autoral, las siguientes garantías son inherentes a los derechos patrimoniales:

> Artículo 27.- Los titulares de los derechos patrimoniales podrán autorizar o prohibir:
>
> I. La reproducción, publicación, edición o fijación material de una obra en copias o ejemplares, efectuada por cualquier medio ya sea impreso, fonográfico, gráfico, plástico, audiovisual, electrónico, fotográfico u otro similar.
>
> II. La comunicación pública de su obra a través de cualquiera de las siguientes maneras:
>
>   a) La representación, recitación y ejecución pública en el caso de las obras literarias y artísticas;
>   b) La exhibición pública por cualquier medio o procedimiento, en el caso de obras literarias y artísticas;
>   c) El acceso público por medio de la telecomunicación, incluida la banda ancha e Internet, y
>   d) La puesta a disposición del público de sus obras, de tal forma que los miembros del público puedan acceder a estas obras desde el lugar y en el momento que cada uno de ellos elija.[99]
>
> III. La transmisión pública o radiodifusión de sus obras, en cualquier modalidad, incluyendo la transmisión o retransmisión de las obras por:
>
>   a) Cable;

b) Fibra óptica;
c) Microondas;
d) Vía satélite, o
e) Cualquier otro medio conocido o por conocerse.

IV. La distribución de la obra, incluyendo la venta u otras formas de transmisión de la propiedad de los soportes materiales que la contengan, así *como cualquier forma de* transmisión de uso o explotación. Cuando la distribución se lleve a cabo mediante venta, este derecho de oposición se entenderá *agotado efectuada la primera venta, salvo en el caso expresamente contemplado en el* artículo 104 de esta Ley;

V. La importación al territorio nacional de copias de la obra hechas sin su autorización;

VI. La divulgación de obras derivadas, en cualquiera de sus modalidades, tales como la traducción, adaptación, paráfrasis, arreglos y transformaciones, y

VII. Cualquier utilización pública de la obra salvo en los casos expresamente establecidos en esta Ley.

Lo anterior, sin perjuicio de la obligación de los concesionarios de radiodifusión de permitir la retransmisión de su señal y de la obligación de los concesionarios de televisión restringida de retransmitirla en los términos establecidos en la Ley Federal de Telecomunicaciones y Radiodifusión y sin menoscabo de los derechos de autor y conexos que correspondan.

La labor jurisprudencial distingue derecho moral de derecho patrimonial de la siguiente forma:

Novena Época
Registro digital: 186598
Instancia: Tribunales Colegiados de Circuito
Tesis Aislada
Fuente: Semanario Judicial de la Federación y su Gaceta
Tomo XVI, Julio de 2002
Materia(s): Penal
Tesis: I.6o.P.40 P
Página: 1283

DERECHOS DE AUTOR. DISTINCIÓN ENTRE DERECHO MORAL Y DERECHO PATRIMONIAL, A LA LUZ DEL ARTÍCULO 424, FRACCIÓN III, DEL CÓDIGO PENAL FEDERAL.
El derecho de autor es el reconocimiento que realiza el Estado a favor de todo creador de obras literarias o artísticas, de las previstas en el artículo 13 de la Ley Federal del Derecho de Autor, en virtud del cual otorga su protección para que el autor goce de prerrogativas y privilegios exclusivos de carácter personal y patrimonial, los primeros llamados derecho moral y, los segundos, derecho patrimonial, según lo establece el artículo 11 de la propia ley. La distinción entre derecho moral y derecho patrimonial se precisa en el ejercicio de determinadas facultades establecidas en los artículos 21 y 27 del mismo ordenamiento. Sin embargo, la diferencia entre el derecho moral y el derecho patrimonial que realiza la Ley Federal del Derecho de Autor, no implica que el artículo 424, fracción III, del Código Penal Federal tutele únicamente el derecho de explotación de la obra y, por ello, sólo proteja derechos de tipo patrimonial, no así los derechos de índole moral. En efecto, el artículo 424, fracción III, del código punitivo establece: "Se impondrá prisión de seis meses a seis años y de trescientos a tres mil días multa: ... III. A quien use en forma dolosa, con fin de lucro y sin la autorización correspondiente obras protegidas por la Ley Federal del Derecho de Autor". Del análisis del tipo penal se desprenden los siguientes elementos: a) un sujeto activo, que no requiere calidad específica (elemento objetivo); b) un sujeto pasivo, que requiere ser titular de derechos de propiedad intelectual, en el caso específico, de derechos de autor (elemento objetivo); c) una obra protegida por la Ley Federal del Derecho de Autor (elemento normativo); d) un bien jurídicamente tutelado, que se traduce en la protección para todo creador de obras literarias o artísticas, de las previstas en la ley, para que gocen de prerrogativas y privilegios exclusivos, según se desprende de lo establecido en los artículos 1o. y 11 de la ley especial (elemento objetivo); e) una acción, consistente en usar una obra protegida (elemento objetivo); f) no contar con la autorización correspondiente (elemento normativo); g) como condición de la finalidad de la acción, ésta debe ser dolosa (elemento subjetivo); y, h) también como condición de la finalidad de la acción, la finalidad de lucro (elemento subjetivo

> distinto al dolo). De lo anterior se desprende que el bien jurídico tutelado por el tipo penal no es el usar una obra protegida por la Ley Federal del Derecho de Autor, ni la finalidad de lucro, que si bien son elementos del tipo penal, no deben confundirse con aquél. En esa virtud, si se atiende al bien jurídico tutelado por el tipo penal debe considerarse que éste tutela todas las prerrogativas y privilegios que para los autores establecen los artículos 21 y 27 de la Ley Federal del Derecho de Autor.
> SEXTO TRIBUNAL COLEGIADO EN MATERIA PENAL DEL PRIMER CIRCUITO.
> Amparo en revisión 2256/2001. 20 de marzo de 2002. Unanimidad de votos. Ponente: Roberto Lara Hernández. Secretario: José Francisco Becerra Dávila.

En términos del artículo 5o. de la Ley Federal del Derecho de Autor, toda obra autoral estará protegida desde el momento en que se materialice, sin que dicha protección legal se encuentre condicionada a inscripción o registro alguno. El Registro Público del Derecho de Autor es la Dirección del Instituto Nacional del Derecho de Autor, facultada para inscribir las obras y actos jurídicos relacionados con la materia, con la consecuencia de generar seguridad jurídica a autores y demás titulares de derechos protegidos. Para efectos de la inscripción de las obras en el Registro Público del Derecho de Autor, basta con exhibir ante la dependencia dos soportes materiales que incorporen la obra o una representación de ésta. Al respecto, el artículo 5o. del Convenio de Berna para la Protección de las Obras Literarias y Artísticas establece en lo conducente:

> 1) Los autores gozarán, en lo que concierne a las obras protegidas en virtud del presente Convenio, en los países de la Unión que no sean el país de origen de la obra, de los derechos que las leyes respectivas conceden en la actualidad o concedan en lo sucesivo a los nacionales, así como de los derechos especialmente establecidos por el presente Convenio.
>
> 2) El goce y el ejercicio de estos derechos no estarán subordinados a ninguna formalidad y ambos son independientes de la existencia de protección en el país de origen de la obra.

> Por lo demás, sin perjuicio de las estipulaciones del presente Convenio, la extensión de la protección así como los medios procesales acordados al autor para la defensa de sus derechos se regirán exclusivamente por la legislación del país en que se reclama la protección.
>
> 3) La protección en el país de origen se regirá por la legislación nacional. Sin embargo, aun cuando el autor no sea nacional del país de origen de la obra protegida por el presente Convenio, tendrá en ese país los mismos derechos que los autores nacionales...

5.2.2 Programas de cómputo y su regulación en los deportes electrónicos

Por lo que hace al tema de deportes electrónicos queda claro que los videojuegos, sobre los cuales se desarrollan las contiendas en análisis, son programas de cómputo o *softwares*. Programa de cómputo o *software* son los "procedimientos, reglas, documentación y datos asociados, que forman parte de las operaciones de un sistema de computación".[100] La originalidad del programa de cómputo estriba en la capacidad de ejecutar instrucciones en un *hardware*, pudiendo ir desde procesadores de palabras, programas de contabilidad o de diseño de videojuegos; es decir, dentro de un programa de cómputo podemos encontrar herramientas para el desempeño de profesiones, de técnicas, del arte o para efectos recreativos. Así, tenemos que el derecho de autor protege la labor del programador (autor), quien diseña una estructura de funciones que permiten la interacción del usuario a través de la realización de determinadas instrucciones o tareas, siendo que en este tipo de obras, equiparadas por ley como obras literarias, confluyen diversos trabajos intelectuales que van desde dibujos, ilustraciones, esquemas, croquis, mapas, planos, historias, cuentos, novelas, música, obras fotográficas, marcas, *slogans*, entre otras creaciones intelectuales.[101] La Ley Federal del Derecho de Autor al regular este tipo de obras establece:

> Artículo 101.- Se entiende por programa de computación la expresión original en cualquier forma, lenguaje o código, de un conjunto de instrucciones que, con una secuencia, estructura y organización determinada, tiene como propósito que una computadora o dispositivo realice una tarea o función específica.
>
> Artículo 102.- Los programas de computación se protegen en los mismos términos que las obras literarias. Dicha protección se extiende tanto a los programas operativos como a los programas aplicativos, ya sea en forma de código fuente o de código objeto. Se exceptúan aquellos programas de cómputo que tengan por objeto causar efectos nocivos a otros programas o equipos.

El Tratado de la Organización Mundial de la Propiedad Intelectual sobre Derecho de Autor (WCT) de 1996, publicado el 15 de marzo de 2002 en el *Diario Oficial de la Federación,* establece en su artículo 4o. que los programas de ordenador están protegidos como obras literarias en el marco de lo dispuesto en el artículo 2o. del Convenio de Berna, "aplicando dicha protección a los programas de ordenador, cualquiera que sea su modo o forma de expresión".[102] Por su parte, el artículo 10 del Acuerdo sobre Aspectos de Propiedad Intelectual Relacionados con el Comercio (ADPIC), al regular la materia de programas de ordenador y compilaciones de datos, establece que "los programas de ordenador, sean programas fuente o programas objeto, serán protegidos como obras literarias en virtud del Convenio de Berna".[103]

Es preciso resaltar que hoy en día los programas de cómputo son necesarios para la operación de los ordenadores, ya sea en el caso, por ejemplo, de un procesador de palabras como Word de Microsoft o *Pages,* de Mac; de programas de contabilidad como Excel, de Microsoft, o *Numbers,* de Mac; pues la explotación de un programa o App responde a criterios industriales, siendo las empresas y usuarios sus principales destinatarios.

Los programas de cómputo tienen características similares a las "invenciones-proceso" o "procesos técnicos", ya que al ser elementos intercambiables o desmontables son útiles hasta que son instalados o "cargados" en un ordenador con el fin de ser operados. En sí, el programa de cómputo parte de un diagrama de flujo o código fuente que, para un neófito en la materia, no tiene sentido su lectura al no ser un texto literario; sin embargo, una vez que el programa comienza a "correr" en la máquina, la obra en comento adquiere un sentido práctico y perceptible. La protección que otorga la ley aplica tanto a programas operativos, es decir, aquellos desarrollos dispuestos para administrar los recursos de un ordenador, coordinar el hardware y organizar los archivos y directorios de su sistema, así como para programas aplicativos, por ejemplo, programas de contabilidad o de redacción de textos, siendo únicamente no-registrables aquellos programas de virus planeados para causar efectos nocivos a equipos de cómputo o al software de éstos.[104]

Conforme al glosario de la OMPI, el programa de cómputo del ordenador es un

> conjunto de instrucciones que, cuando se incorpora a un soporte legible por máquina, puede hacer que una máquina con capacidad para el tratamiento de la información indique, realice o consiga una función, tarea o resultados determinados. Cada vez se acepta con mayor frecuencia que los programas originales son obras acreedoras a la protección que otorga el derecho de autor: en algunas legislaciones de derecho de autor se hace ya una referencia explícita a ellas (Filipinas, Art. 2.n): Estados Unidos, Art. 102, según la interpretación dada en el informe Kastenmeier de 3 de septiembre de 1976, págs. 53 y 54).

Asimismo, el referido glosario define a una "Obra creada por ordenador" como

> una obra generada mediante un programa de ordenador por el que se dan instrucciones a una máquina de tratamiento de la información para que haga, según ciertas normas, una determinada selección de los datos almacenados en la máquina,

> componiendo así una nueva obra, trátese de una traducción, un nuevo texto, un dibujo, una obra musical o un nuevo programa de ordenador. Es discutible si estos productos de ordenador pueden considerarse obras protegidas por el derecho de autor y, en caso afirmativo, quien sea el titular de los derechos de los autores sobre tales obras.[105]

Para el doctor Jesús Parets, en su obra *Originalidad, creatividad y registro del derecho de autor*,

> los elementos de la configuración del concepto del programa de cómputo son: 1) la expresión original en cualquier forma, lenguaje o código; 2) el conjunto de instrucciones; 3) la secuencia, estructura y organización determinada y 4) el propósito que una computadora o dispositivo realice una tarea o función específica (...) Para efectos del registro de un programa de cómputo ante el Instituto Nacional del Derecho de Autor, se acostumbra presentar el código fuente completo de inicio hasta el fin o el programa ejecutable que permite que una computadora o dispositivo realice una tarea o función específica (código objeto) a través del lenguaje de máquina correspondiente, de donde se pueden desprender las características o funciones que lleva a cabo el programa objeto de inscripción.[106]

Cabe hacer mención que en la categoría de programa de cómputo se incluye tanto la obra multimedia; es decir, el programa de cómputo que contiene elementos visuales, sonoros, tridimensionales, animados,[107] entre otros, así como las aplicaciones o App, programas de cómputo ejecutables en dispositivos móviles. Para Pedro Chaloupka,

> los programas aplicables a los sistemas de cómputo tienen una formulación perceptible de diversas maneras, desde diagramas de flujo hasta *printouts* que el mismo equipo puede estampar sobre papel, pasando por descripciones en lenguajes naturales o técnicos de lo que el programa hace y como lo

logra. Existe un consenso a nivel mundial sobre la protección acordable en el derecho autoral a muchos de aquellos elementos materiales que exteriorizan o contienen un programa, o sobre los cuales este se encuentra fijado, aunque en diversos casos –"chips", máscaras, módulos ROM y sus variantes– se va reconociendo y materializando la necesidad de legislarlos por separado, al ser su corporización física tan poco asimilable a un texto impreso o grabado en un soporte idóneo de los que el derecho autoral conoce para otros fines. La protección autoral se concreta en –y en gran medida se limita a– impedir la confección de copias no autorizadas de los programas (...) es también general la convicción de que la concepción previa del programador que organiza los datos y su procesamiento a través de secuencias de pasos conocidas como *algoritmos* quedaría fuera del amparo autoral por aquello de que dichos algoritmos se sitúan, o bien en el terreno de las ideas puras, o bien en el de las creaciones utilitarias, en ninguno de cuyos casos el derecho autoral alcanza para impedir su uso por terceros. De esta manera, la porción intelectualmente más valiosa del trabajo del programador quedaría fuera del ámbito de la protección legal (...) esa organización de pasos secuenciados difícilmente encuentra acogida entre las patentes de invención (...) muchos creadores informáticos declaran conformarse con la defensa autoral contra la reproducción no autorizada de sus programas, ya que la usurpación de los algoritmos parece ser estadísticamente mucho menos frecuentes (...) si se quisiera dar protección a tales algoritmos (...) esta solución sería manifiestamente contradictoria con la sólidamente asentada y justificada exclusión universal del amparo de las ideas de aplicación práctica en dicho ámbito (...) se produciría una grave incoherencia conceptual (...) comparable a la que ocurriría de admitirse en cierto sector de los inventos patentables que la protección abarca no solamente el dispositivo o procedimiento concreto, sino también los principios científicos a los que dicha solución responde.[108]

Es igualmente posible, ante la sofisticación de los programas de cómputo, que se pueda considerar autor a la persona física que realiza los arreglos necesarios para su creación, entendiéndose, en primer lugar, al programador o desarrollador del *software,* así como a la persona que alimentó de información al *software,* en cuyo caso, y ante la concurrencia de diversos individuos involucrados en tal desarrollo, estaremos ante una obra en colaboración o colectiva, según el inciso D, fracciones II y III, del artículo 4o. de la Ley Federal del Derecho de Autor, es decir, ante la concurrencia de diversos colaboradores en la gestación de este tipo de obras, puede ser difícil de atribuir a cada uno de ellos un derecho distinto o distinguible sobre el conjunto desarrollado.

Otero y Ortiz sostienen respecto a los programas de cómputo, que "se ha especulado en el sentido de que a pesar de que su protección es toda la vida del autor y cien años después de su muerte, por sus características esenciales, estos tienen muy poca vigencia, ya que muchos de ellos a los seis meses son obsoletos".[109] No coincido con dicha apreciación, toda vez que los autores citados parece que confunden el plazo legal de protección de una obra, previsto en el artículo 29 de la ley autoral con la obsolescencia del programa de cómputo, ya que aún en el caso de que un programa dejase de ser vigente o novedoso, ello no implicaría que pierda su protección frente a la ley, amén de que aún los derechos autorales de un programa de cómputo obsoleto pueden ser violados.

Como referí al principio de este apartado, son programas de cómputo u obras multimedia los juegos sobre los cuales se llevan a cabo las contiendas de *e-sports,* de tal manera que el desarrollador de un programa de cómputo podrá registrar dicha obra ante el Registro Público del Derecho de Autor del Instituto Nacional del Derecho de Autor, a la par de que está en posibilidad legal de registrar otras creaciones o desarrollos intelectuales que confluyan en una misma obra, tales como dibujos, música, marcas, avisos comerciales, etcétera. Por otra parte, una obra multimedia es la que está compuesta por aquellos elementos, en especial obras y otras contribuciones pertenecientes a distintos géneros –textos, sonidos, imágenes fijas o en movimiento, etcétera– que pueden ser preexistentes o creadas especialmente, y que transformados en dígitos binarios se integran en un solo medio o soporte digital y son regidos por una o más programas de ordenador que permiten su utilización interactiva (...) Aquello que realmente está involucrado en este término son más bien producciones del tipo *género múltiple-único*, ya que las esencias de dichas producciones es que por lo general incluyen varias obras y contribuciones que pertenecen a géneros diferentes y que confluyen en un solo medio abarcativo: el de los dígitos binarios (...) la obra multimedia:

- está compuesta por obras y contribuciones pertenecientes a dos o más clases de géneros distintos, cualesquiera que sean estos;
- que pueden ser preexistentes (adaptadas o no) o elaboradas específicamente para la obra de que se trata;
- digitalizadas;
- que se integran en un solo medio o soporte;
- son regidas por uno o más programas de ordenador, y;
- que presentan una propuesta de interactividad.[110]

De acuerdo con la cita anterior, un ejemplo de obra multimedia es el juego electrónico de la novela *El señor de los anillos*, de J.R.R. Tolkein, el cual se inspiró en la obra literaria, e incluye música incidental de la autoría de Howard Shore para la obra cinematográfica dirigida por Peter Jackson.

Respecto a los derechos patrimoniales sobre programas de cómputo, cuando tal creación haya sido desarrollada por trabajadores con contrato vigente, tal derecho económico corresponderá al empleador, siendo importante apuntar que el plazo de la cesión de derechos en materia de programas de computación no estará sujeto a limitación alguna. Asimismo, conforme lo establece el artículo 104 de la ley autoral,

> el titular de los derechos de autor sobre un programa de computación o sobre una base de datos conservará, aún después de la venta de ejemplares de estos, el derecho de autorizar o prohibir el arrendamiento de dichos ejemplares. Este precepto no se aplicará cuando el ejemplar del programa de computación no constituya en sí mismo un objeto esencial de la licencia de uso.

Con base en lo establecido por el artículo 105 de la Ley Federal del Derecho de Autor, los usuarios de los programas de computación podrán realizar el número de copias que la licencia concedida por el titular de los derechos de autor autorice, o una sola copia de dicho programa, siempre y cuando sea indispensable para la utilización del mismo, o esté destinada como resguardo para sustituir la copia legítimamente adquirida o cuando ésta no pueda utilizarse por daño o pérdida, siendo obligación del usuario destruir la copia cuando concluya el derecho de utilizar el programa de cómputo.

El artículo 106 de la ley en cita establece que el derecho patrimonial sobre un programa de computación comprende la facultad de autorizar o prohibir:[111]

I. La reproducción permanente o provisional del programa en todo o en parte, por cualquier medio y forma;
II. La traducción, adaptación, arreglo o cualquier modificación del programa y la reproducción resultante;
III. Cualquier forma de distribución del programa o de una copia del mismo, incluido el alquiler;
IV. La decompilación, los procesos para revertir la ingeniería de un programa de computación y el desensamblaje, y
V. La comunicación pública del programa, incluida la puesta a disposición pública del mismo.

Una controversia que se ha presentado en esta materia consiste en la reutilización de códigos fuente para la creación de juegos alternos.

Finalmente, el artículo 107 de la ley en comento establece que "las bases de datos o de otros materiales legibles por medio de máquinas o en otra forma, que por razones de selección y disposición de su contenido constituyan creaciones intelectuales, quedarán protegidas como compilaciones. Dicha protección no se extenderá a los datos y materiales en sí mismos".

En resumen, y en cuanto al agotamiento de los derechos patrimoniales de los programas de cómputo, tenemos que:

a. Los usuarios del programa, independientemente del tipo de derecho que posean sobre el desarrollo, ya como adquirentes, ya como arrendatarios, sólo podrán hacer una copia del programa, salvo que la modalidad de la adquisición o la licencia estipulen algo diverso, y dicha copia sólo será empleada en caso de daño o extravío del original, siendo obligatorio para los arrendatarios la destrucción de la copia, una vez finalizado el plazo contractual. Cabe referir que el artículo 11 del Acuerdo sobre Aspectos de Propiedad Intelectual Relacionados con el Comercio (ADPIC) establece que "Al menos respecto de los programas de ordenador y de las obras cinematográficas, los Miembros conferirán a los autores y a sus derechohabientes el derecho de autorizar o prohibir el arrendamiento comercial al público de los originales o copias de sus obras amparadas por el derecho de autor. Se exceptuará a un Miembro de esa obligación con respecto a las obras cinematográficas a menos que el arrendamiento haya dado lugar a una realización muy extendida de copias de esas obras que menoscabe en medida importante el derecho exclusivo de reproducción conferido en dicho Miembro a los autores y sus derechohabientes. En lo referente a los programas de ordenador, esa obligación no se aplica a los arrendamientos cuyo objeto esencial no sea el programa en sí".
b. El titular del programa de cómputo o de bases de datos tendrá el derecho de oponerse al arrendamiento del bien, aun

después de verificada la venta del desarrollo, supuesto que contradice la concepción clásica de las prerrogativas de los titulares de derechos reales, en el sentido de la disposición directa de los bienes.

c. Los usuarios del programa no podrán reproducir de manera permanente o provisional, traducir, arreglar, modificar, decompilar, revertir ingeniería o reproducir el programa previamente modificado.[112]

Las bases de datos que no sean originales quedan protegidas en su uso exclusivo por quien las haya elaborado, durante un lapso de cinco años. La relación de bases de datos y programas de cómputo puede presentarse en programas como Uber, Didi o Cabify, en los que se contempla la prestación de un servicio de transporte sobre la existencia previa de una lista de prestadores de servicios incorporados a la plataforma.

Obras derivadas en programas de cómputo

Se designa obra derivada a las traducciones, adaptaciones, arreglos musicales y demás transformaciones de una obra literaria o artística que gozan de protección al amparo del artículo 2.3) del Convenio de Berna para la Protección de las Obras Literarias y Artísticas, sin perjuicio de los derechos del autor de la obra original.[113] Dentro de este concepto, igualmente es de incluir a las compilaciones o las colecciones de las obras conforme al artículo 2.5) del referido Convenio de Berna, así como lo previsto en el artículo 10.2 del Acuerdo sobre los Aspectos de los Derechos de Propiedad Intelectual relacionados con el Comercio (1994) de la OMC (Acuerdo sobre los ADPIC) y del artículo 5o. del Tratado de la OMPI sobre Derecho de Autor (1996).[114] El artículo 78 de la ley autoral determina que

> las obras derivadas, tales como arreglos, compendios, ampliaciones, traducciones, adaptaciones, paráfrasis, compilaciones, colecciones y transformaciones de obras literarias o artísticas, serán protegidas en lo que tengan de originales, pero sólo podrán ser explotadas cuando hayan sido autorizadas por el

> titular del derecho patrimonial sobre la obra primigenia, previo consentimiento del titular del derecho moral, en los casos previstos en la Fracción III del Artículo 21 de la Ley.[115]
> Cuando las obras derivadas sean del dominio público, serán protegidas en lo que tengan de originales, pero tal protección no comprenderá el derecho al uso exclusivo de la obra primigenia, ni dará derecho a impedir que se hagan otras versiones de esta.

No obstante, el derecho moral pone límites a la creación de obras derivadas a cargo de terceros, quienes quedan autorizados a modificar las obras o a hacer uso de éstas para crear obras derivadas, sin perjuicio de que el autor se oponga a la deformación o alteración de la obra, en ejercicio del derecho de integridad. Ahora bien, diversos programas de cómputo que desarrollan juegos electrónicos han dado la oportunidad a los usuarios para interactuar por medio de avatares o *personajes ad-hoc*, es decir, los usuarios de los juegos electrónicos, en algunos casos, pueden diseñar libremente a los personajes con los que se desempeñan, teniendo la posibilidad de crear y diseñar atuendos, imágenes, formas, complexiones, colores, etcétera. Un ejemplo de lo anterior se observa en el difundido *Minecraft*, que consiste en un videojuego de aventuras tipo *sandbox* o libre, el cual proporciona un entorno creativo sin un objetivo o temática fija y con posibilidades amplísimas, entre ellas, la creación o diseño de personajes originales.

Asimismo, *Minecraft*, un videojuego libre para los usuarios o *gamers*, permite la creación o el diseño de escenarios, e innovar sobre una obra creada *a priori*, es decir, este programa faculta a los usuarios a realizar sus propias creaciones originales sobre una obra primigenia, ya en personajes, ya en ecosistemas.

Especial mención se requiere hacer del llamado "metaverso",[116] para el cual se deberá considerar un área de exploración multidisciplinaria, hoy impulsada por los grandes corporativos de la tecnología, como Facebook o Microsoft. Se entiende por metaverso a aquel concepto perteneciente a la 3D, que combina múltiples espacios virtuales, y se le considera como la versión futura del Internet. El metaverso permitirá a los usuarios trabajar, llevar a cabo colaboraciones científicas, realizar negocios y actos de comercio, reunirse, jugar y socializar en espacios de tercera dimensión a través de avatares o identidades virtuales o, incluso, con inteligencia artificial.

Los videojuegos ofrecen actualmente la experiencia de metaverso más cercana, aunque al día de hoy, se ha vuelto posible la organización de actos virtuales por medio de avatares dentro de juegos electrónicos, llegándose incluso a la posibilidad de crear economías virtuales,[117] como es el caso de las plataformas Roblox o Sandbox, en las que se pueden adquirir espacios o propiedades virtuales, a guisa de la compra de un bien inmueble, siendo conocidas las propiedades virtuales de celebridades, como Paris Hilton o Snoop Dog. Desde luego, la divisa en este tipo de negocios es la criptomoneda. Es claro advertir que todos los derechos de propiedad intelectual que se generen o se hagan circular dentro de este nuevo universo, deberán de ser tutelados por las normas aplicables. Por ejemplo, las obras derivadas creadas dentro del metaverso o los derechos de propiedad industrial deberán de ser registrados, cedidos, licenciados, etcétera.

Si bien el metaverso en la actualidad no es plenamente asequible por limitaciones tecnológicas, es preciso advertir que para su implementación Internet se deberá volver más robusto, debiéndose emplear, asimismo, para una experiencia plena, lentes de realidad virtual o *werable devices* como el *google glass.* Naturalmente, el metaverso no es una utopía, se vislumbran problemas legales a partir del uso indebido de tales dispositivos, *v.g.* la violación a la confidencialidad y la privacidad y la violación a los derechos de propiedad intelectual.

Otro fenómeno de actualidad dentro de los programas de cómputo y del propio metaverso, son los llamados NFT (*non fungible token),* es decir, un *blockchain* o registro digital de transacciones para el mantenimiento de la seguridad de la información por medio de algoritmos criptográficos. A través de estos registros digitales, se pueden almacenar y transmitir obras artísticas o derechos de propiedad intelectual con una certificación de originalidad anexa. Tal mecanismo resulta atractivo en el mundo de los videojuegos, particularmente en los llamados *skills,* habilidades o herramientas de personajes de tales juegos que implican una ventaja en competencia; por ejemplo, son comunes las armas o municiones empleadas en contiendas de guerra, o dones o facultades que permiten a los personajes de las plataformas derrotar a sus oponentes. Pues bien, tales *skills* o aditamentos digitales pueden llegar a comercializarse a efecto de que, incluso, un jugador goce exclusivamente de las ventajas que tal habilidad ofrece, semejante a lo que sería la transmisión de un bien no fungible, es decir, único e insustituible por otro de la misma especie y calidad, todo ello, desde luego, dentro de un programa de cómputo. Asimismo, como una obra corpórea que es transmitida de un propietario a otro, los autores de las obras registradas en un NFT tienen el derecho de seguimiento o *droit de suite,* es decir, la prerrogativa económica en beneficio de los autores para recibir un porcentaje de los importes de las ventas sucesivas de sus obras.[118]

La obra audiovisual

El artículo 94 de la Ley Federal del Derecho de Autor define a la obra audiovisual como "la expresada mediante una serie de imágenes asociadas, con o sin sonorización incorporada, que se hacen perceptibles, mediante dispositivos técnicos, produciendo la sensación de movimiento". Conforme al glosario de la OMPI,[119] se entiende como obra audiovisual "aquella perceptible a la vez por el oído y por la vista, y que concomitantes, grabados sobre material adecuado (fijación audiovisual), para ser ejecutada mediante mecanismos idóneos". Solamente puede hacerse perceptible en forma idéntica, a diferencia de la representación o ejecución de las obras dramáticas que se percibe por la vista y el oído de manera dependiente de la producción escénica real.

Son ejemplos de obras audiovisuales, las obras cinematográficas sonoras y todas las que se expresan mediante un proceso análogo a la cinematografía, tales como las producciones televisivas o cualquier otra producción de imágenes sonoras fijadas sobre cintas magnéticas, discos, etcétera. Para Arturo Ancona,

> la expresión cada vez se emplea más en las leyes, documentos internacionales y estudios, para designar a las obras que presentan ciertos elementos en común, sin tener en cuenta el procedimiento técnico empleado para la fijación ni el destino para la cual fueron creadas. Sin embargo, no existe una definición uniforme de la obra audiovisual".[120]

Efectivamente, el legislador no concreta la forma en que la obra audiovisual debe de materializarse o si acaso debe de constar en un soporte material específico, ya que hay una tendencia a identificar la obra audiovisual con la obra cinematográfica, sin embargo, las obras en comento, debiendo ser originales, se expresan en imágenes asociadas, con o sin audio agregado, susceptibles de percibirse por medio de cualquier dispositivo técnico, produciendo la apariencia de movimiento, con la vocación de ser difundidas a través de cualquier medio y que constan en un soporte material.[121]

Asimismo, conforme al artículo 97 de la Ley Federal del Derecho de Autor, son autores de las obras audiovisuales:

I. El director realizador;
II. Los autores del argumento, adaptación, guion o diálogo;
III. Los autores de las composiciones musicales;
IV. El fotógrafo, y
V. Los autores de las caricaturas y de los dibujos animados.

Salvo pacto en contrario, se considera al productor como el titular de los derechos patrimoniales de la obra en su conjunto. El artículo 98 del ordenamiento invocado define al productor de la obra audiovisual, como la persona física o jurídica que tiene la iniciativa, coordina, es responsable o patrocina la realización de la obra en cita e incluso, sin perjuicio de los derechos de los autores, puede llevar a cabo los actos jurídicos tendientes a la explotación de la obra. El artículo 22 de la Ley Federal del Derecho de Autor establece que

> salvo pacto en contrario, entre los coautores, el director o realizador de la obra, tiene el ejercicio de los derechos morales sobre la obra audiovisual en su conjunto, sin perjuicio de los que correspondan a los demás coautores en relación con sus respectivas contribuciones, ni de los que puede ejercer el productor de conformidad con la Ley y en particular, el artículo 99.[122]

De acuerdo con lo establecido por el artículo 95 de la LFDA, "sin perjuicio de los derechos de los autores de las obras adaptadas o incluidas en ella, la obra audiovisual, será protegida como obra primigenia". Por lo que hace a los videojuegos, tenemos que en tales obras concurren autores de argumentos o adaptadores de guiones, obras musicales u obras gráficas, caricaturas o dibujos animados, mismos que constan en un soporte material, es decir un programa de cómputo; no obstante, este tipo de obras permiten que los usuarios o *gamers* interactúen en el juego, creando incluso obras derivadas. Respecto a la regulación de las cesiones de este tipo de obras, el artículo 99 de la LFDA, establece que "salvo pacto en contrario, el contrato que se celebre entre el autor o los titulares de los derechos patrimoniales, en su caso, y el productor, no implica la cesión ilimitada y exclusiva a favor de éste de los derechos patrimoniales sobre la obra audiovisual". Asimismo, como una excepción *ad hoc* al derecho moral del autor de retiro de la obra del comercio, "una vez que los autores o los titulares de derechos patrimoniales se hayan comprometido a aportar sus contribuciones para la realización de la obra audiovisual, no podrán oponerse a la reproducción, distribución, representación y ejecución pública, transmisión por cable, radiodifusión, comunicación al público, subtitulado y doblaje de los textos de dicha obra". Conforme al artículo 72 de la ley autoral, "son aplicables al contrato de producción audiovisual las disposiciones del contrato de edición de obra literaria".

5.2.3 Derechos conexos y su regulación en los deportes electrónicos

El verdadero artista no refleja la realidad: añade algo nuevo a la realidad.
CARLOS FUENTES, *El espejo enterrado.*

La importancia de estos titulares, como se verá más adelante, es el servicio que realizan en favor de los autores, dado que por medio de las gestiones de los titulares de derechos conexos las obras llegan a ser conocidas por el público. Al respecto, Otero y Ortiz apuntan:

> La protección de estas personas tiene su origen en la evolución de la técnica. A partir de la aparición de la fonografía, el cinematógrafo y la radiodifusión cuya invención consistía en comunicar las actuaciones de dichas personas al público en general. Antiguamente, las interpretaciones de los artistas eran fugaces, pero actualmente, al existir la posibilidad de que dichas interpretaciones queden fijadas en soportes materiales, éstas podían reproducirse, venderse o utilizarse en forma indefinida, originando una enorme actividad industrial.[123]

En este sentido, la Ley Federal del Derecho de Autor establece lo siguiente:

> Artículo 116.- Los términos artista intérprete o ejecutante designan al actor, narrador, declamador, cantante, músico, bailarín, o a cualquiera otra persona que interprete o ejecute una obra literaria o artística o una expresión del folclor o que realice una actividad similar a las anteriores, aunque no haya un texto previo que norme su desarrollo. Los llamados extras y las participaciones eventuales no quedan incluidos en esta definición.

Conforme al artículo 3o. de la Convención de Roma sobre la protección de los artistas intérpretes o ejecutantes, los productores de fonogramas y los organismos de radiodifusión, *artista intérprete o ejecutante* es "todo actor, cantante, músico, bailarín u otra persona que represente un papel, cante, recite, declame, interprete o ejecute en cualquier forma una obra literaria o artística"; *fonograma,* es "toda fijación exclusivamente sonora de los sonidos de una ejecución o de otros sonidos"; *productor de fonogramas,* "la persona natural o jurídica que fija por primera vez los sonidos de una ejecución u otros sonidos"; *publicación,* es "el hecho de poner a disposición del público, en cantidad suficiente, ejemplares de un fonograma"; *reproducción,* "la realización de uno o más ejemplares de una fijación; *emisión,* "la difusión inalámbrica de sonidos o de imágenes y sonidos para su recepción por el público", y *retransmisión,* "la emisión simultánea por un organismo de radiodifusión de una emisión de otro organismo de radiodifusión".

En referencia a la figura del artista intérprete, Ramón Obón manifiesta:

> ... es indispensable examinar lo que se comunica para tener así una concepción más clara de esta disciplina jurídica. Indudablemente, ese elemento está contenido en el arte: la obra artística. De esta forma, para que se dé una interpretación dentro del derecho intelectual, debe de existir de manera previa y determinante una obra que habrá de comunicarse al público, por ejemplo, aquella que es susceptible de ser representada, exhibida, ejecutada o recitada. [124]

Sobre la base anterior, para que se pueda hablar de una interpretación artística se requerirá que confluyan las siguientes concatenaciones:

1. Una obra artística previamente creada sobre la cual el artista intérprete exteriorizará su particular expresión sobre tal obra;

2. La particular expresión sobre la obra autoral, es decir, el artista intérprete está en requerimiento de imprimir un *"sello personalísimo"*[125] a la exteriorización de la obra;
3. La exteriorización de la obra para efectos de llegar al público.

Ramón Obón continúa:

> En tal sentido podremos hablar de *interpretación artística,* lo cual constituye la acción. Y el sujeto de esa acción es el artista intérprete, o sea, aquél que da vida propia a la obra por medio de su personal expresión corporal e intelectual, así como su habilidad y talento, para llevarla al público. En otras palabras, el artista intérprete es el comunicador del producto creado por la fuente humana del mensaje, el autor, sin importar que esa comunicación la realice por medio de su voz y su cuerpo o mediante un instrumento que transforme en sonido las notas de un pentagrama. En este orden de ideas, la denominación *artista intérprete*[126] (término genérico) abarca a los que se valen de su propia expresión corporal (llámese actores, bailarines o cantantes) o de aquellos que utilizan un instrumento para comunicar su obra. Los primeros se conocen comúnmente como intérpretes y los segundos como ejecutantes. Acordes con estas ideas, la denominación que adoptamos para esta disciplina jurídica es la de derecho de los artistas intérpretes.[127]

Cabe preguntarse si a los jugadores de *e-sports* se les podría considerar una suerte de "artistas intérpretes", y por lo tanto titulares de derechos conexos, a la luz del hecho de que ejecutan una actuación a través de su cuerpo en un videojuego, ya que un programa de cómputo se equipara, según la ley, a una obra literaria, y un *gamer* actúa sobre una obra llamada programa de cómputo, en la especie de un videojuego. En este sentido, dichos sujetos ejecutan una actuación personalísima en la que se suelen involucrar astucia, creatividad, pericia, estrategias y estilos. Me inclino a considerar que al referirnos a intérpretes; es decir, el actor, cantante, músico, bailarín u otra persona que represente un papel, cante, recite, declame, interprete o *ejecute en cualquier forma una obra literaria o artística*; estamos en presencia de "números apertos" y no "números clausos". Es decir, el legislador dejó abierta la posibilidad de que cualquier persona que "ejecute en cualquier forma una obra literaria o artística" podrá ser considerada como intérprete, por lo que se concluye que un *gamer* podría tener un grado de protección sobre sus actuaciones, las cuales suelen ser transmitidas e incluso fijadas en soportes materiales. Asimismo, si atendemos a la definición del artículo 116 de la Ley Federal del Derecho de Autor, el cual establece que los términos artista intérprete o ejecutante designan, entre otros, a quien "realice una actividad similar a las anteriores, aunque no haya un texto previo que norme su desarrollo", por consiguiente me permito concluir que un *gamer,* al desplegar una actuación ante una pantalla de video (la obra), desarrollar un estilo de juego y una estrategia, se debe de equiparar a un artista intérprete, titular; por lo tanto, de derechos conexos, quien tendrá, en términos de lo establecido por el artículo 118 de la ley autoral, las siguientes prerrogativas:

> Artículo 118.- Los artistas intérpretes o ejecutantes tienen el derecho de autorizar o prohibir:[128]
>
> **I.** La comunicación pública, incluida la radiodifusión, de sus interpretaciones o ejecuciones no fijadas, salvo cuando dicha actuación constituya en sí una actividad transmitida por radiodifusión;
>
> **II.** La fijación de sus interpretaciones o ejecuciones sobre una base material;
>
> **III.** La reproducción directa e indirecta de la fijación de sus interpretaciones o ejecuciones, por cualquier procedimiento o bajo cualquier forma;
>
> **IV.** La distribución pública de sus interpretaciones o ejecuciones fijadas, así como de sus ejemplares, mediante venta u otra forma de transferencia de la propiedad de los soportes materiales que las contengan;

V. La comunicación pública de sus interpretaciones o ejecuciones fijadas, a través de señales o emisiones, así como la puesta a disposición del público, ya sea de forma alámbrica o inalámbrica, de tal forma que los miembros del público puedan acceder a ellas desde el lugar y en el momento que cada uno de ellos elija; salvo que se trate de la radiodifusión o la comunicación al público, ya sea por medios alámbricos o inalámbricos, de los sonidos o representaciones de sonidos fijados en un fonograma que estén incorporados a una obra audiovisual, y

VI. El arrendamiento comercial de sus interpretaciones o ejecuciones fijadas, así como de sus ejemplares, aún después de la venta o cualquier otro tipo de transferencia de la propiedad de los soportes materiales que las contengan.

Estos derechos se consideran agotados una vez que el artista intérprete o ejecutante haya autorizado la incorporación de su actuación o interpretación en una fijación visual, sonora o audiovisual siempre y cuando los usuarios que utilicen con fines de lucro dichos soportes materiales, efectúen el pago correspondiente.

Tal y como se verá más adelante, los derechos de los *gamers* igualmente podrían estar protegidos a la luz de figuras como el derecho a la propia imagen e inclusive haciendo una exploración doctrinaria, al amparo del llamado "derecho de arena". Ahora bien, entre la comunidad aficionada a los videojuegos, la comunicación pública de las contiendas, la fijación de las ejecuciones de los jugadores sobre una base material y la reproducción de tales fijaciones, se dan en forma común, toda vez que existe, como ya se ha referido, un número nutrido de seguidores ávidos de rememorar tales contiendas y sus momentos cimeros. Así, la difusión inalámbrica de sonidos o imágenes para su recepción por el público, la retransmisión, la emisión simultánea por un organismo de radiodifusión o la emisión de otro organismo de radiodifusión, involucra a otro titular de derechos conexos, como pueden ser las entidades dedicadas al *streaming*,[129] al igual que las radiodifusoras.

5.2.4 Contratación y registro conforme a las normas de derechos de autor y la propiedad industrial

Convenio es el acuerdo de dos o más personas con el fin de crear, transferir, modificar o extinguir obligaciones. Los convenios que producen o transfieren obligaciones y derechos se conocen como contratos. Conforme lo establece el artículo 1794 del Código Civil Federal, para la existencia del contrato, se requiere el consentimiento de las partes y un objeto que pueda ser materia del acuerdo de voluntades. Los contratos podrán ser invalidados por incapacidad de las partes, por vicios del consentimiento, por un objeto, motivo o fin ilícito, o porque el consentimiento no se haya manifestado en la forma establecida por ley.[130] Asimismo, al ser considerados los derechos de propiedad intelectual como derechos susceptibles de estimación pecuniaria, estar en el comercio y ser determinados o determinables, igualmente se convierten en posibles objetos de acuerdos de voluntades que producen o transfieren obligaciones y derechos. En la especie, todos los derechos de propiedad intelectual podrán ser transmitidos en forma temporal o definitiva, sin embrago, en materia de derechos de autor, se deberá respetar en forma perpetua la calidad del autor, es decir, el autor tendrá siempre la prerrogativa de que sus derechos morales se reconozcan, más allá de que haya llevado a cabo la transmisión de los derechos patrimoniales. Asimismo, en materia de derechos de autor existen normas específicas de contratación que de no cumplirse pueden acarrear la consecuencia de la nulidad.

Contratación y registro conforme a las normas de derechos de autor

De acuerdo con el artículo 30 de la Ley Federal del Derecho de Autor, "el titular de los derechos patrimoniales puede, libremente, conforme a lo establecido por esta Ley, transferir sus derechos patrimoniales u otorgar licencias de uso exclusivas o no exclusivas". De lo anterior es imperativo que toda transmisión de derechos patrimoniales sea onerosa, temporal y deba de celebrarse por escrito, siendo, de lo contrario, nulo de pleno derecho el acto jurídico de transmisión. En la especie, cuando el autor transmite en favor de terceros sus derechos patrimoniales en forma absoluta e ilimitada, estamos en presencia de una transmisión o cesión de derechos, mientras que, si el autor transfiere en favor de terceros el derecho de uso y explotación de su obra materializada, reservándose para sí derechos, estaremos ante una licencia de uso de la obra. Para Adolfo Reyes Velázquez, el contrato de licencia es un

> acuerdo de voluntades mediante el cual una persona llamada licenciante transmite, sin perder la titularidad, a otra llamada licenciatario, el uso y goce temporal sobre su propiedad intelectual, de manera exclusiva o no exclusiva a cambio de una contraprestación llamada regalía bajo los términos y condiciones específicos establecidos entre las partes.[131]

Mientras que el contrato de cesión de derechos en materia de transferencia de tecnología para Díaz Bravo, citado por José Manuel Magaña, es "el contrato por medio del cual una persona llamada cedente con el objeto de transmitir sus conocimientos técnicos, transfiere la titularidad de derechos intangibles de propiedad industrial (...) o propiedad intelectual (...) a una persona llamada cesionario a cambio de una contraprestación que generalmente es económica.[132]

Al respecto, el artículo 33 de la Ley Federal del Derecho de Autor establece lo siguiente: "A falta de estipulación expresa, toda transmisión de derechos patrimoniales se considera por el término de 5 años. Sólo podrá pactarse excepcionalmente por más de 15 años cuando la naturaleza de la obra o la magnitud de la inversión requerida así lo justifique".

La excepción de la duración mayor a 15 años que refiere el artículo antes transcrito, se aclara por medio del Reglamento de la Ley Federal del Derecho de Autor que en su artículo 17 establece lo siguiente:

> Artículo 17.- Los actos, convenios y contratos por los que se transmitan, conforme a lo dispuesto en la Ley, derechos patrimoniales por un plazo mayor de 15 años, deberán expresar siempre la causa específica que asi´*lo justifique e inscribirse en el Registro.*
>
> I. Se podrá *pactar un término mayor de 15 años cuando se trate de:*
>
> II. Obras que, por su extensión, la publicación implique una inversión muy superior a la que comúnmente se pague por otras de su clase;
>
> III. Obras musicales que requieran un periodo más largo de difusión;
>
> IV. Aportaciones incidentales a una obra de mayor amplitud, tales como prólogos, presentaciones, introducciones, prolegómenos y otras de la misma clase;
>
> V. Obras literarias o artísticas, incluidas las musicales, que se incorporen como parte de los programas de medios electrónicos a que se refiere el artículo 111 de la Ley, y
>
> VI. Las demás que por su naturaleza, magnitud de la inversión, número de ejemplares o que el número de artistas intérpretes o ejecutantes que participen en su representación o ejecución no permitan recuperar la inversión en ese plazo.

Los actos, convenios o contratos que no se celebren por escrito y por el plazo que establece la LFDA acarrearán la nulidad. Por otra parte, el límite de 15 años no se aplicará al contrato de edición de obra literaria, como lo establece el artículo 43 de la ley autoral, ni a la cesión de derechos en materia de programas de computación, de acuerdo con el artículo 103 de dicha ley. Respecto a las regalías por la transmisión de los derechos patrimoniales, el artículo 31 de la LFDA establece la obligación para las partes de estipular remuneraciones fijas y determinadas, siendo irrenunciables, por lo que cualquier acuerdo de voluntades que contradiga tal obligación acarreará la nulidad absoluta.

Conforme al artículo 34 de la Ley Federal del Derecho de Autor, la producción de obra futura sólo podrá ser objeto de acuerdo cuando se trate de una creación determinada o delimitada cuyas características deberán quedar estipuladas entre las partes, siendo nulas las transmisiones globales de obra futura, así como las estipulaciones por las que el autor se comprometa a no crear obra alguna, situación que atentaría con la libertad o derecho al trabajo, prevista en el artículo 5o. constitucional.

Ahora bien, cabe destacar que los actos jurídicos en los que se involucra a los derechos de autor requieren ser inscritos en el Registro Público del Derecho de Autor, a fin de propiciar la seguridad y certeza jurídica de los titulares originarios y derivados y surtir efectos frente a terceros. Entre las atribuciones del Registro Público del Derecho de Autor está la de inscribir las obras que sean sometidas a tales fines (no obstante, el principio de "protección automática" reconocido en el artículo 5o. del citado ordenamiento autoral), sin que dicha inscripción pueda negarse si se tratara de obras contrarias a la moral, al respeto a la vida privada o al orden público, actos, convenios y contratos que en cualquier forma confieran, modifiquen, transmitan, graven o extingan derechos patrimoniales,[133] estatutos de sociedades de gestión colectiva y demás actos jurídicos donde se vean involucrados los derechos de autor.[134] Las inscripciones en el Registro Público del Derecho de Autor tienen a su favor una presunción *iuris tantum* conforme al artículo 168 de la LFDA, que establece a la letra:

> Las inscripciones en el registro establecen la presunción de ser ciertos los hechos y actos que en ellas consten, salvo prueba en contrario. Toda inscripción deja a salvo los derechos de terceros. Si surge controversia, los efectos de la inscripción quedarán suspendidos en tanto se pronuncie resolución firme por autoridad competente.

De este modo, si una inscripción genera perjuicio a un tercero, el Registro Público del Derecho de Autor tendrá la facultad de promover la cancelación o corrección de las inscripciones realizadas, ya en la vía administrativa conforme a lo previsto por el artículo 172 de la Ley Federal del Derecho de Autor, ya ante el Tribunal Federal de Justicia Administrativa, conforme al artículo 214 de tal ordenamiento. La falta de inscripción no generará la nulidad del acto jurídico de que se trate, sino que se condicionarán las consecuencias jurídicas del contrato o acto jurídico frente a terceros. Así, de no haber registro, para las partes contratantes, el acto jurídico sí será válido, no así para terceros. Adolfo Reyes apunta una idea interesante al sostener que

> en los casos de adquisición de esta propiedad intelectual por medio de redes públicas de telecomunicación, como cuando compramos licencias de software, juegos de video o música a través de una página web en Internet, se pueden clasificar como contratos solemnes, ya que la ausencia de cumplimiento a la forma de celebración del contrato genera la inexistencia del mismo, tal es el caso de la compra *on line* bajo un sistema de exclusas en las que no se puede continuar con el pedido si no se ha cumplido con todos los requisitos solicitados por la pantalla anterior, ahí simplemente si no se cumplen las formalidades nunca hay trato.[135]

No comparto el punto de vista del referido autor considerando que el derecho común reconoce como los únicos actos jurídicos solemnes al matrimonio y al testamento, amén de que los supuestos para que se genere la inexistencia del contrato es la falta de los requisitos esenciales, como el objeto o el consentimiento; por lo que, desde mi concepto, lo que en realidad acontece cuando no se superan o se consienten las "exclusas" que impone el licenciante, es que no habrá contrato cuya inexistencia hubiese que declarar, toda vez que no se satisfizo la oferta propalada por el ofertante-licenciante, dado que es condición para contratar, consentir las citadas "exclusas" o requisitos del fabricante (licenciante); dicho en otras palabras, al no consentirse la oferta propalada y, por lo tanto, no haber una coincidencia volitiva entre las partes contratantes, no se configura acuerdo de voluntades alguno.

Contratación y registro conforme a las normas de la propiedad industrial

Los activos intangibles, al ser la principal fuente de riqueza de las empresas hoy en día, son susceptibles de transmisión. En materia de propiedad industrial, las creaciones industriales, los signos distintivos (exceptuando las indicaciones geográficas que tienen regulaciones específicas al ser el Estado mexicano el titular de derechos) y la información empresarial, que implique una ventaja competitiva en el mercado, al ser auténticas "cosas mercantiles" dispuestas para la explotación comercial, serán materia de trasmisión, ya a través del contrato de cesión, ya a través del contrato de licencia, en términos de la legislación común. Así, tenemos que el titular o titulares de una marca registrada o en trámite (o sea, una expectativa de derechos puede ser materia de un acto jurídico) o los derechos que confiere una patente podrán conceder, mediante convenio, licencia de uso a una o más personas, en relación con todos o algunos de los productos o servicios a los que se aplique dicha marca o patente.

Anteriormente, la Ley de la Propiedad Industrial establecía que las licencias y demás actos jurídicos relacionados debían ser inscritos en el Instituto Mexicano de la Propiedad Industrial para que pudieran producir efectos en perjuicio de terceros.[136] No obstante, con la promulgación de la Ley Federal de Protección a la Propiedad Industrial, y por lo que hace al artículo 239, se señala que "el titular de una marca registrada o en trámite podrá conceder, mediante convenio, licencia de uso a una o más personas, con relación a todos o algunos de los productos o servicios a los que aplique dicha marca en términos de la legislación común", sin que persista la obligación de inscribir el acto jurídico de transmisión de derechos ante el Instituto Mexicano de la Propiedad Industrial, existiendo, inclusive, la facultad en favor de los licenciatarios, salvo estipulación en contrario, de ejercitar las acciones legales de protección de los derechos sobre la marca.[137]

En la especie, los derechos que deriven de una solicitud de registro de marca o los derechos que confiere una patente podrán gravarse o transmitirse en términos de la legislación común,[138] privilegiándose, por lo tanto, el principio de autonomía de la voluntad. Igualmente, en cuanto al tema de la transmisión del uso de una marca,

> puede concederse una licencia sobre la marca a otras empresas, lo que representaría una fuente adicional de ingresos. Las marcas también pueden ser objeto de acuerdos de franquicia. Una marca que goce de buena reputación entre los consumidores también puede emplearse para obtener financiación de instituciones financieras, que cada vez son más conscientes de que el éxito comercial de las empresas depende en gran medida de las marcas.[139]

Efectivamente, una marca puede ser licenciada a través del contrato de franquicia, debiéndose de apuntar que la licencia sería una de tantas cláusulas o estipulaciones de dicho acuerdo de voluntades, en el cual se transmite un modelo de negocio complejo.

Respecto a la materia de patentes, el artículo 137 de la Ley Federal de Protección a la Propiedad Industrial establece a la letra:

> Los derechos que confiere una patente o registro, o aquéllos que deriven de una solicitud en trámite, podrán gravarse y transmitirse total o parcialmente en los términos y con las formalidades que establece la legislación común. Para que la transmisión de derechos o gravamen puedan producir efectos en perjuicio de terceros, deberá inscribirse en el Instituto.
> Podrá solicitarse mediante una sola promoción la inscripción de transferencias de la titularidad de dos o más solicitudes en trámite o de dos o más patentes o registros, cuando quien transfiere y quien adquiere sean las mismas personas en todos ellos. El solicitante deberá identificar cada una de

las solicitudes, patentes o registros en los que se hará la inscripción. Las tarifas correspondientes se pagarán en función del número de solicitudes, patentes o registros involucrados.

A su vez, en cuanto a las licencias y transmisión de derechos de marcas, los artículos 239 y 240 de la Ley Federal de Protección a la Propiedad Industrial establecen lo siguiente:

> Artículo 239.- El titular de una marca registrada o en trámite podrá conceder, mediante convenio, licencia de uso a una o más personas, con relación a todos o algunos de los productos o servicios a los que se aplique dicha marca, en términos de legislación común.
>
> Artículo 240.- Para inscribir una licencia en el Instituto bastará formular la solicitud correspondiente en los términos que fije el Reglamento de esta Ley.
>
> Podrá solicitarse mediante una sola promoción la inscripción de licencias de derechos relativos a dos o más solicitudes en trámite o a dos o más marcas registradas cuando el licenciante y el licenciatario sean los mismos en todos ellos. El solicitante deberá identificar cada una de las solicitudes, o registros en los que se hará la inscripción. Las tarifas correspondientes se pagarán en función del número de solicitudes o registros involucrados.

Los artículos invocados aplican igualmente a avisos y nombres comerciales.

A diferencia de la abrogada Ley de la Propiedad Industrial, el artículo 239 de la Ley Federal de Protección a la Propiedad Industrial, ya no obliga a la inscripción de los actos jurídicos ante el Instituto Mexicano de la Propiedad Industrial para producir efectos jurídicos ante terceros. Tal obligación generaba efectos desde el ámbito de las acciones legales de defensa de registros a cargo de licenciatarios, hasta para fines fiscales de oponibilidad de licencias. Un efecto de la inscripción de los actos jurídicos ante el Instituto Mexicano de la Propiedad Industrial (entre éstos, la inscripción de licencias) era el de dotar a tales actos de fecha cierta de suscripción, por lo que, ante la supresión del citado requisito de inscripción, es posible recurrir a otros medios para dar a los contratos fecha cierta,[140] pudiendo ser un medio idóneo para solicitar la intervención de un fedatario público.

Notas

[57] La Ley de la Propiedad Industrial tuvo dos reformas a lo largo de 2018, la primera el 13 de marzo, y la segunda, el 5 de mayo, posteriormente fue abrogada el 1 de julio de 2020 para dar paso a la Ley Federal de Protección a la Propiedad Industrial, ajustándose el concepto de marca.

[58] Disponible en: *https://www.gob.mx/impi/articulos/la-identidad-de-tu-producto-o-servicio-a-traves-de-los-sentidos-las-marcas-no-tradicionales?idiom=es*

[59] Para Jorge Barrera Graf (*Instituciones de derecho mercantil*, México, Porrúa, 2000, p. 92), "aviamiento" se define como la "logística empresarial, o sea la labor intelectual y material del empresario y del personal a su cargo, el prestigio y la fama, que sea posible cuantificar en dinero, se indica en el activo del balance de la negociación, sobre todo cuando ésta se fusiona o se transfiere, y entonces los bienes y derechos adquieren un sobreprecio que se conoce con el nombre de *good will*".

[60] Castrejón García, Gabino, *op. cit.*, p. 98.

[61] Magaña Rufino, José Manuel, *Derecho de la propiedad industrial en México*, México, Porrúa, 2010, p. 51.

[62] Jalife Daher, Mauricio, *Comentarios a la Ley de la Propiedad Industrial*, México, Porrúa, 2009, p. 114.

[63] *Cfr.* Jalife Daher, *Competencia desleal*, México, Porrúa, 2008, p. 139.

[64] Disponible en: *https://www.gob.mx/impi/articulos/la-identidad-de-tu-producto-o-servicio-a-traves-de-los-sentidos-las-marcas-no-tradicionales?idiom=es*

[65] Jalife Daher, Mauricio, *Comentarios a la Ley..., cit.*, p. 122.

[66] Artículo 173. No serán registrables como marca:

"fracción XIII.- Los nombres, apellidos, apelativos o seudónimos de personas que hayan adquirido tal prestigio, reconocimiento o fama que al usarse puedan crear un riesgo de asociación, inducir al error, confusión o engaño al público consumidor, salvo que se trate de dicha persona o exista consentimiento expreso de la misma o de quien tenga el derecho correspondiente.

Tampoco será registrable la imagen, la voz identificable, el retrato o la firma de una persona sin su consentimiento expreso, o de quien tenga el derecho correspondiente...".

[67] Disponible en: *https://www.gob.mx/impi/articulos/la-identidad-de-tu-producto-o-servicio-a-traves-de-los-sentidos-las-marcas-no-tradicionales?idiom=es*

[68] Disponible en: *https://www.gob.mx/impi/articulos/la-identidad-de-tu-producto-o-servicio-a-traves-de-los-sentidos-las-marcas-no-tradicionales?idiom=es*

[69] *Idem.*

[70] *Cfr.* Viñamata Paschkes, Carlos, *La propiedad intelectual,* México, Trillas, 1998, pp. 236-238.

[71] Artículo 176 Ley Federal de Protección a la Propiedad Industrial. Las marcas se registrarán en relación con productos o servicios específicos determinados conforme a la clasificación y reglas que establezca el Reglamento de esta Ley.

Cualquier duda respecto de la clase a que corresponda un producto o servicio será resuelta en definitiva por el Instituto.

[72] Artículo 253 de la Ley Federal de Protección a la Propiedad Industrial. "Para efectos de su transmisión, se considerarán ligados los registros o solicitudes en trámite de las marcas de un mismo titular, cuando éstas sean idénticas y amparen similares productos o servicios, o bien sean semejantes en grado de confusión y se apliquen a los mismos o similares productos o servicios".

Artículo 254 de la Ley Federal de Protección a la Propiedad Industrial.- "Cuando el titular de registros o solicitudes en trámite de dos o más marcas ligadas considere que no existe confusión, podrá presentar el consentimiento expreso por escrito y solicitar que sea disuelta la liga impuesta.

No será aplicable lo anterior, a marcas idénticas aplicadas a productos o servicios idénticos.

El Instituto resolverá en definitiva lo que proceda, considerando que no se induzca al error al público consumidor respecto a la procedencia de los productos o servicios".

Artículo 255 de la Ley Federal de Protección a la Propiedad Industrial.- "Solo se registrará la transmisión de algunas de las marcas ligadas, cuando se transfieran todas y se solicite la inscripción de ellas a la misma persona".

[73] *Cfr.* Rangel Medina, David, *Panorama del derecho..., cit.,* p. 69.

[74] Cabe hacer mención que durante la vigencia de la Ley de la Propiedad Industrial, el registro de marca tenía una vigencia de diez años contados a partir de la fecha de presentación ante el Instituto.

[75] *Cfr.* Pérez Miranda, Rafael, *Derecho de la propiedad industrial*, México, Porrúa, p. 336.

[76] Camacho, Salvador, *op. cit.*

[77] El Código Nacional de Procedimientos Civiles y Familiares, publicado en el *Diario Oficial de la Federación*, el 7 de junio de 2023, define en la fracción XXVI del artículo 2 al "metaverso" como el "Espacio virtual que posibilita la convivencia social en mundos digitales a través de experiencias gráficas inmersivas en tercera dimensión, que suele utilizar tecnologías de realidad virtual, realidad aumentada, realidad mixta o híbrida, tokens y cadena de bloques". Asimismo, en la fracción XXXIV "Sala virtual" se define como el "programa de cómputo, herramienta, plataforma electrónica de videoconferencia, metaverso, sistema de realidad virtual o aumentada, sistema holográfico, o cualquier otro medio tecnológico designado como sistema de interacción a distancia, que permita la transmisión de audio, video o imágenes, así como la comunicación sincrónica entre las partes que participan en cualquier acto procesal y el órgano jurisdiccional".

[78] Rangel Medina, David, *Derecho de la propiedad industrial e intelectual*, México, UNAM, Instituto de Investigaciones Jurídicas, pp. 71 y 72.

[79] Artículo 205 de la Ley Federal de Protección a la Propiedad Industrial.

[80] Jalife Daher, Mauricio, *Comentarios a la Ley…*, *cit.* pp. 306-307.

[81] *Cfr. https://www.cyberclick.es/numerical-blog/advergaming-que-es-ventajas-y-ejemplos*

[82] La fracción III del artículo 3o. de la Ley para la Transparencia, Prevención y Combate de Prácticas Indebidas en Materia de Contratación de Publicidad define publicidad como la actividad que comprende todo proceso de creación, planificación, ejecución y difusión de contenido en espacios publicitarios, por cualquiera de los medios de comunicación señalados en esta Ley.

[83] Véanse fracciones IX y X del artículo 3o. de la Ley para la Transparencia, Prevención y Combate de Prácticas Indebidas en Materia de Contratación de Publicidad.

[84] Parets Gómez, Jesús, *Teoría y práctica del derecho de autor*, México, Sista, 2012, p. 9.

[85] Loredo Hill, Adolfo, *Derecho autoral mexicano*, México, Porrúa, 1982, pp. 66-67.

[86] *Cfr*. Ayllón González, María Estela y García Fernández, Dora (coords.), *Temas selectos de derecho corporativo*, México, Porrúa-Universidad Anáhuac, 2000, p. 295.

[87] Escriche, Joaquín, *Diccionario razonado de legislación y jurisprudencia*, México, Manuel Porrúa Hnos., 1979, p. 317.

[88] Ayllón González, María Estela y García Fernández, Dora, *op. cit.*, p. 295.

[89] Parets Gómez, Jesús, *Teoría y práctica..., cit.*, p. 49.

[90] Ayllón González, María Estela y García Fernández, Dora, *op. cit.*, p. 296.

[91] Parets Gómez, Jesús, *Originalidad, creatividad y registro en el derecho de autor*, México, Sista, 2018, p. 223.

[92] Ayllón González, María Estela y García Fernández, Dora, *op. cit.*, p. 297.

[93] Viascán Castillo, Claudia del Carmen, *Derechos de autor sobre los personajes de caracterización humana*, México, Porrúa-Escuela Libre de Derecho, 2017, pp. 9-10.

[94] Rangel Medina, David, *Derecho de la propiedad industrial e intelectual*, México, UNAM, Instituto de Investigaciones Jurídicas, 1996, p. 43.

[95] TERCER TRIBUNAL COLEGIADO EN MATERIA CIVIL DEL PRIMER CIRCUITO. Amparo directo 76/2010. Sociedad Mexicana de Productores de Fonogramas, Videogramas y Multimedia, S. de G.C. (Somexfon). 27 de mayo de 2010. Unanimidad de votos. Ponente: Víctor Francisco Mota Cienfuegos. Secretario: Salvador Andrés González Bárcena.

[96] *Cfr*. Ayllón González, María Estela y García Fernández, Dora, *op. cit.*, p. 298.

[97] Parets Gómez, Jesús, *Teoría y práctica... cit.*, pp. 96-97.

[98] Rangel Medina, David, Derecho Intelectual, McGraw-Hill, pp. 138-139.

[99] Los incisos b y c de la fracción II del artículo 27 de la Ley Federal del Derecho de Autor fueron reformados, y el inciso d agregado conforme al Decreto por el que se reforman y adicionan diversas disposiciones de la Ley Federal del Derecho de Autor, publicado en el *Diario Oficial de la Federación* el 1 de julio de 2020.

[100] Disponible en: *https://es.wikipedia.org/wiki/Software*

[101] *Cfr*. *Régimen Mexicano de la Propiedad Intelectual*, México, Legis, 2005, p. 133.

[102] *Cfr*. *https://www.wipo.int/wipolex/es/text/295158*

[103] Disponible en: *https://www.wto.org/spanish/docs_s/legal_s/31bis_trips_04_s.htm*

[104] *Cfr.* Pérez Miranda, Rafael, *op. cit.*, pp. 263-264.

[105] Disponible en: *ftp://ftp.wipo.int/pub/library/ebooks/wipopublications/wipo_pub_816_efs-ocr-sp-image.pdf*

[106] Parets Gómez, Jesús, *Originalidad, creatividad…, cit.*, p. 141.

[107] Artículo 111 de la Ley Federal del Derecho de Autor.- Los programas efectuados electrónicamente que contengan elementos visuales, sonoros, tridimensionales o animados quedan protegidos por esta Ley en los elementos primigenios que contengan.

[108] Chaloupka, Pedro, *Derechos intelectuales*, vol. 3: *La propiedad de las ideas*, Buenos Aires, Astrea, 1988, pp. 66-68.

[109] Otero Muñoz, Ignacio y Ortiz Bahena, Miguel Ángel, *Propiedad intelectual*, México, Porrúa, 2011, p. 114.

[110] Lipszyc, Delia, *Nuevos temas de derechos de autor y derechos conexos*, Buenos Aires, Unesco, Cerlac, Zavalia, 2004, pp. 451-453.

[111] Las fracciones III y IV del artículo 106 de la Ley Federal del Derecho de Autor fueron reformadas, y la fracción V fue agregada; conforme al Decreto se reforma y adicionan diversas disposiciones de la Ley Federal del Derecho de Autor, publicado en el *Diario Oficial de la Federación*, el 1 de julio de 2020.

[112] *Cfr.* Pérez Miranda, Rafael, *op. cit.*, p. 266.

[113] *Cfr.* OMPI, Guía sobre los Tratados de Derecho de Autor y Derechos Conexos administrados por la OMPI, capítulo 7: "Glosario de términos y expresiones sobre derecho de autor y derechos conexos", publicación de la OMPI, 2004.

[114] *Ídem.*

[115] "Artículo 21.- Los titulares de los derechos morales podrán en todo tiempo:

(...)

III. Exigir respeto a la obra, oponiéndose a cualquier deformación, mutilación u otra modificación de ella, así como a toda acción o atentado a la misma que cause demérito de ella o perjuicio a la reputación de su autor..."

[116] Una explicación interesante y sintética del metaverso se puede ver en los siguientes reportajes de YouTube: Disponible en: *https://www.youtube.com/watch?v=XIJwITC2DeU*, *https://www.youtube.com/watch?v=7zb9OpNbBbU*, *https://www.youtube.com/watch?v=xiTC2DXqtNM&t=601s*, *https://www.youtube.com/watch?v=R8mj1kTT4hk*

[117] *Cfr. https://www.xataka.com/basics/que-metaverso-que-posibilidades-ofrece-cuando-sera-real*

[118] Artículo 14*ter* de la Convención de Berna: [*«Droit de suite» sobre las obras de arte y los manuscritos:* "1. Derecho a obtener una participación en las reventas; 2. Legislación aplicable; 3. Procedimiento]

[119] Disponible en: *https://www.wipo.int/edocs/pubdocs/es/wipo_pub_816.pdf*

1) En lo que concierne a las obras de arte originales y a los manuscritos originales de escritores y compositores, el autor –o, después de su muerte, las personas o instituciones a las que la legislación nacional confiera derechos– gozarán del derecho inalienable a obtener una participación en las ventas de la obra posteriores a la primera cesión operada por el autor.

2) La protección prevista en el párrafo anterior no será exigible en los países de la Unión mientras la legislación nacional del autor no admita esta protección y en la medida en que la permita la legislación del país en que esta protección sea reclamada".

3) Las legislaciones nacionales determinarán las modalidades de la percepción y el monto a percibir.

[120] Ancona García-López, Arturo, *op. cit.,* p. 66.

[121] *Ibidem,* p. 69.

[122] Artículo 99 de la Ley Federal del Derecho de Autor.- "Salvo pacto en contrario, el contrato que se celebre entre el autor o los titulares de los derechos patrimoniales, en su caso, y el productor, no implica la cesión ilimitada y exclusiva a favor de éste de los derechos patrimoniales sobre la obra audiovisual.

Una vez que los autores o los titulares de derechos patrimoniales se hayan comprometido a aportar sus contribuciones para la realización de la obra audiovisual, no podrán oponerse a la reproducción, distribución, representación y ejecución pública, transmisión por cable, radiodifusión, comunicación al público, subtitulado y doblaje de los textos de dicha obra.

Sin perjuicio de los derechos de los autores, el productor puede llevar a cabo todas las acciones necesarias para la explotación de la obra audiovisual".

[123] *Cfr.* Otero Muñoz, Ignacio y Ortiz Bahena, Miguel Ángel, *op. cit.,* p. 369.

[124] Obón León, J. Ramón, *Derecho de los artistas intérpretes, actores, cantantes y músicos ejecutantes,* México, Trillas, 1990, p. 26-27.

[125] Destacado *"por el autor".*

[126] La cursiva es del autor Ramón Obón.

[127] *Idem.*

[128] El artículo 118 de la Ley Federal del Derecho de Autor fue reformado conforme al Decreto publicado en el *Diario Oficial de la Federación* el 1 de julio de 2020.

[129] Entiéndase por *streaming* la retransmisión en directo, emisión en continuo, transmisión por secuencias, lectura o difusión en continuo, descarga continua, distribución digital de contenido multimedia por medio de una red de computadoras, de tal forma que el usuario goza del producto simultáneamente a que éste se descarga en forma continua, pudiendo ser video, audio o ambos.

[130] *Cfr.* Artículo 1795 del Código Civil Federal.

[131] Solorio Pérez, Óscar Javier y Aguilar Navarro, Carlos Omar (coords.), *Transferencia de tecnología y derecho*, México, Tirant Lo Blanch, 2017, p. 296.

[132] *Ibidem*, p. 330.

[133] Artículo 37 de la Ley Federal del Derecho de Autor.- "Los actos, convenios y contratos sobre derechos patrimoniales que se formalicen ante notario, corredor público o cualquier fedatario público y que se encuentren inscritos en el Registro Público del Derecho de Autor, traerán aparejada ejecución".

[134] *Cfr.* Artículos 163 y 164 de la Ley Federal del Derecho de Autor.

[135] Solorio Pérez, Óscar Javier y Aguilar Navarro, Carlos Omar, *op. cit.*, pp. 303-304.

[136] El artículo 136 de la Ley de la Propiedad Industrial establecía: "El titular de una marca registrada o en trámite podrá conceder, mediante convenio, licencia de uso a una o más personas, con relación a todos o algunos de los productos o servicios a los que se aplique dicha marca. La licencia deberá ser inscrita en el Instituto para que pueda producir efectos en perjuicio de terceros".

[137] Artículo 243 de la Ley Federal de Protección a la Propiedad Industrial.- "La persona que tenga concedida una licencia salvo estipulación en contrario, podrá ejercitar las acciones legales de protección de los derechos sobre la marca, como si fuera el propio titular".

[138] *Cfr.* Artículo 137 de la Ley Federal de Protección a la Propiedad Industrial (antes artículos 62, 136 y 143 de la Ley de la Propiedad Industrial).

[139] OMPI, *El secreto está en la marca*, núm. 1: *La propiedad intelectual y las empresas*, publicación de la OMPI, núm. 900, Suiza, 2003, p. 5.

[140] *Cfr.* Jalife Daher, Mauricio, *La nueva Ley Federal de Protección a la Propiedad Industrial*, México, Tirant Lo Blanch, 2020, p. 182.

6

Otros derechos de propiedad intelectual

Al referirme a la Ley Federal del Derecho de Autor, en particular a su artículo 1°, manifesté que dicho cuerpo normativo es reglamentario del artículo 28 constitucional, y tiene por objeto

> la protección del acervo cultural de nuestro país, tutelando los derechos de los autores, de los artistas intérpretes o ejecutantes, así como a las industrias culturales, tales como editores, productores u organismos de radiodifusión, en relación con sus obras literarias o artísticas en la extensión de sus manifestaciones, sus interpretaciones o ejecuciones, sus ediciones, fonogramas, videogramas, emisiones, así como de los *otros derechos de propiedad intelectual.*

En esa tesitura, ¿qué debemos entender como *otros derechos de propiedad intelectual*? Por exclusión, debemos de considerar en este rubro i) a las bases de datos no originales, ii) ISBN, iii) ISSN, iv) Reservas de derechos y v) el derecho a la propia imagen.

Para el tema que nos atañe, serán analizadas las reservas de derechos y el derecho a la imagen, dado que es a través de tales mecanismos que se podrán proteger diversas actividades desplegadas alrededor de los *e-sports,* ya sea por las empresas que producen o patrocinan este tipo de juegos o torneos, o respecto a los propios *gamers* que pueden obtener una protección a sus derechos.

6.1 Reservas de derechos

La reserva de derechos es una figura de la ley autoral única en el mundo. Conforme al artículo 173 de la Ley Federal del Derecho de Autor, la reserva de derechos es “la facultad de usar y explotar en forma exclusiva títulos, nombres, denominaciones, características físicas y psicológicas distintivas, o características de operación originales aplicados, de acuerdo con su naturaleza”, a los siguientes géneros:

I. Publicaciones periódicas: Editadas en partes sucesivas con variedad de contenido y que pretenden continuarse indefinidamente, ello sin perjuicio de las facultades legales con las que cuente la Secretaría de Gobernación en materia de medios impresos y licitud de título y contenido, competencia de la Comisión Calificadora de Publicaciones y Revistas Ilustradas.

II. Difusiones periódicas: Emitidas en partes sucesivas, con variedad de contenido y susceptibles de transmitirse.

III. Personajes humanos de caracterización, o ficticios o simbólicos; no siendo objeto de reserva las características físicas y psicológicas reales de personas determinadas. En este rubro tenemos que personajes humanos de caracterización, son creaciones intelectuales que representan a una persona en situaciones reales o cotidianas, tales como vivencias de determinados grupos sociales, sumando emociones, sentimientos, anhelos, *verbi gracia,* los populares personajes de Roberto Gómez Bolaños o *Mr. Bean.* Por su parte, los personajes ficticios serán aquellas creaciones intelectuales que manifiestan propiedades o características sobrenaturales o irreales, por ejemplo, Mandrake, Hulk o Kalimán; por personajes ficticios o simbólicos, se entienden aquellas creaciones intelectuales que objetivan conceptos reales o probables pero intangibles, tales como el llamado "final de los tiempos", por medio de los cuatro jinetes del Apocalipsis, o el amor, a través de Cupido.[141]

Navas Navarro señala que uno de los elementos que contribuye, en gran parte, a individualizar a un personaje de ficción es el nombre que el autor le atribuya. El nombre que la criatura fantástica reciba contribuye a dotarlo, asimismo, de originalidad. Considera que el nombre de un personaje puede, a pesar de no recibir protección del derecho autoral, ser registrado como una marca y la misma ser objeto de licencia a los efectos de su explotación económica colateral.[142]

Al respecto, el artículo 188 fracción I, inciso e) de la Ley Federal del Derecho de Autor establece que no son materia de reserva de derechos, "los títulos, nombres, denominaciones, las características físicas o psicológicas o las características de operación que pretendan a aplicarse a alguno de los géneros establecidos en el antes citado artículo 173 de la Ley Autoral"; no obstante, el artículo 73 del Reglamento de la ley en comentario establece que

> para efectos de lo dispuesto en el artículo 188, fracción I, inciso e), será necesario el consentimiento expreso del interesado, cuando la solicitud correspondiente comprenda, conjunta o aisladamente, la reproducción del rostro de una persona determinada, su expresión corporal, facciones o rasgos generales, de tal manera que se pueda apreciar que se trata de la misma persona, aun cuando su rostro, expresión, facciones o rasgos generales fueran modificados o deformadas y su nombre sustituido por uno ficticio.

IV. Personas o grupos dedicados a actividades artísticas: tales como el *Charro* Avitia, el Santo, Irán Eory, o los grupos musicales, Cabezas de Cera, Gallina Negra o Cemican.
V. Promociones publicitarias:

> Contemplan un mecanismo novedoso y sin protección tendiente a promover y ofertar un bien o un servicio, con el incentivo adicional de brindar la posibilidad al público en general de obtener otro bien o servicio, en condiciones más favorables que en las que normalmente se encuentra en el comercio; se exceptúa el caso de los anuncios comerciales.[143]

Si bien es cierto que la norma no refiere quién podrá gozar de la titularidad de una reserva de derechos,[144] conforme al artículo 174 de la Ley Federal del Derecho de Autor, la protección que brinda el Instituto Nacional del Derecho de Autor a la citada figura se da con la expedición de los certificados respectivos y la correspondiente inscripción. Una particularidad de la reserva de derechos es que, a diferencia de las inscripciones de derechos de autor que no son constitutivas de derechos, los registros de reservas de derechos sí lo son. Asimismo,

> para el otorgamiento de las reservas de derechos, el Instituto Nacional del Derecho de Autor tendrá la facultad de verificar la forma en que el solicitante pretenda usar el título, nombre, denominación o características objeto de reserva de derechos a fin de evitar la posibilidad de confusión con otra previamente otorgada.[145]

Pudiéndose, por tanto, solicitar al Instituto, conforme al artículo 76 del Reglamento de la Ley Federal del Derecho de Autor,

> un dictamen previo de procedencia, de acuerdo con lo dispuesto en el artículo 188 de la Ley Autoral. Hecha la referida solicitud, el Instituto Nacional del Derecho de Autor expedirá el dictamen correspondiente en el plazo de quince días. Tratándose de promociones publicitarias y personajes, el plazo se extenderá a treinta días más. El resultado del dictamen previo tiene carácter informativo, es decir, no es vinculante, por lo que no confiere al solicitante derecho alguno de preferencia, ni implica obligación para la Autoridad en el otorgamiento de la reserva.

De acuerdo con los artículos 189, 190 y 191 de la Ley Federal del Derecho de Autor, la vigencia de las reservas de derechos, las cuales, con excepción de las promociones publicitarias que al término de su vigencia pasarán a formar parte del dominio público, son renovables de manera indefinida mientras se compruebe fehacientemente su uso. Las vigencias de las reservas de derechos son las siguientes:

1. Títulos de publicaciones o difusiones: un año contado a partir de la fecha de expedición;
2. Personajes humanos de caracterización, ficticios o simbólicos, nombres artísticos y promociones publicitarias: cinco años contados a partir de la fecha de expedición.

El trámite de renovación de dichas reservas podrá realizarse desde un mes antes y hasta un mes posterior al día del vencimiento correspondiente, siempre y cuando el objeto de la reserva de derechos haya sido utilizado tal y como fue reservado, es decir, sin aplicar modificaciones que alteren su distintividad. Las reservas de derechos pierden vigencia vía declaración administrativa, por nulidad o por cancelación, conforme a los artículos 183 y 184, respectivamente, de la ley autoral. En tanto, la caducidad de estas reservas operará de pleno derecho según el artículo 185 de la norma invocada, aun y cuando en diversas ocasiones se han llegado a publicar en el *Diario Oficial de la Federación* declaraciones de caducidad con el fin de apercibir a los titulares de reservas de derechos sobre la posible terminación de la vigencia de sus reservas. En materia de *e-sports,* considero que las siguientes reservas de derechos son aplicables:

a. Publicaciones periódicas: podrá ser materia de una reserva de derechos cualquier publicación periódica especializada en los deportes electrónicos o cualquier sección o suplemento de una publicación periódica especializada en el tema de esta obra. En materia de publicaciones periódicas existe la posibilidad legal de buscar la protección acumulada para proteger a dichas publicaciones como reserva de derechos y como una marca nominativa o mixta, protegiendo tanto la denominación como el logotipo de dicha publicación.

b. Difusiones periódicas: podrán registrarse programas de televisión, de radio, incluso programas o canales de redes sociales especializadas en *e-sports*. Igualmente, existe la posibilidad legal de buscar la protección acumulada para proteger tales difusiones periódicas como reserva de derechos y como una marca nominativa o mixta.

c. Personajes humanos de caracterización, ficticios o simbólicos: básicamente, en este rubro existe un gran número de personajes ficticios que circulan en los juegos o deportes electrónicos, tales como los clásicos *Pac-Man,* Q*bert, Donkey Kong, Mario Bros., entre otros. Partiendo de la base de que dichos personajes son en principio dibujos, es decir, obras artísticas, existe la posibilidad legal de buscar la protección acumulada para proteger a dichos personajes como un dibujo, obra gráfica, arte figurativo o caricatura, como una reserva de derechos e incluso como una marca figurativa. En relación con la protección acumulada, Claudia Viascán opina que, como condición de la tutela de signos distintivos, es requisito indispensable su *eficacia distintiva,* equivalente a la *originalidad* de los derechos de autor, de tal suerte que un personaje puede ser original acorde a las normas de los derechos de autor, y simultáneamente cumplir con el requerimiento de distintividad para bienes o servicios conforme a la Ley de la Propiedad Industrial y ser así protegido como una marca.[146]

Carlos Álvarez de Lucio comparte: "Baste decir que debido a que un bien tutelado tiene características muy diversas y reúne los requisitos o los supuestos de alguna otra figura tutelada por leyes diversas, un mismo bien o un mismo derecho se encuentra protegido por más de una ley o por diversas figuras de protección incluso dentro de una misma ley, lo que genera una situación excepcional en lo que se conoce como protección acumulada”.[147]

d. Personas o grupos dedicados a actividades artísticas: en este rubro cabría preguntarnos si el nombre de un *gamer,* por ejemplo Faker, Universe o MKLeo podría registrarse como una reserva de derechos, tal y como procede en el caso del nombre de un intérprete. Desde mi punto de vista, y toda vez que el *gamer* interpreta en forma personalísima una obra autoral, a saber, un programa de cómputo, no debe de haber impedimento legal para que sea procedente dicho registro. Tenemos el caso dentro de las reservas de derechos y en materia de “nombres ficticios” a personajes de la lucha libre como Santo, Black Shadow o el Médico asesino, a quienes se les ha concedido la reserva de derechos correspondiente, por lo tanto, un jugador de deportes electrónicos, por principio de igualdad, requiere gozar de la misma protección. En referencia a este rubro, la opinión de Juan Ramón Obón resulta atendible:

> El nombre artístico del artista intérprete también conocido como nombre artístico, nombre de batalla, o crédito artístico, constituye un elemento de primordial importancia, ya que el conocimiento del mismo por el público está relacionado estrechamente con el contexto de calidad histriónica o interpretativa y por ende, de reputación y prestigio dentro de la profesión. Así, cuanto más conocido sea un artista intérprete y mejor sea aceptado por el público, su nombre representará un valor específico, y muchas veces, una garantía para el éxito de espectáculo. Consecuentemente, en esta materia, el nombre reviste especiales características cuyos alcances rebasan los límites de los derechos de personalidad, inherentes a todo individuo.[148]

e. Promociones publicitarias: podrá registrarse el *advergaming* para promover y ofertar, por medio de videojuegos ligados a titulares de derechos de propiedad intelectual, marcas de bienes o servicios con incentivos u ofertas para obtener recompensas (bienes o servicios) en condiciones más favorables a las normalmente obtenidas en el mercado, sin que ello constituya un anuncio comercial.

6.2 Derecho a la propia imagen

Para el gran tratadista Ernesto Gutiérrez y González, el derecho a la imagen o a la efigie forma en realidad un sector de los derechos de personalidad, así, la Ley Federal del Derecho de Autor establece la prohibición de publicar el retrato de una persona, con fines lucrativos, sin consentimiento expreso de ésta.[149] Igualmente, Gutiérrez y González define a los derechos de la personalidad como "bienes constituidos por determinadas proyecciones, físicas o psíquicas del ser humano, relativas a su integridad física o mental, que las atribuye o para algunos sujetos de derecho, y que son individualizadas por el ordenamiento jurídico".[150] Para el maestro Gutiérrez y González,[151] dentro de las relaciones entre personas civiles existen relaciones de carácter moral o no pecuniarias que recaen en bienes o cosas materiales e inmateriales denominadas *derechos de la personalidad,* entre los que se encuentran los derechos de la personalidad en su parte social pública, como son los derechos al honor o reputación, al título profesional, al secreto o a la reserva, derecho al nombre, derecho a la presencia estética o los derechos de convivencia;[152] dentro de la parte afectiva, derechos de afección familiar y derechos de afección de amistad, y en la parte físico-somática, derecho a la vida, a la libertad, a la integridad física o corporal, derechos ecológicos, derecho de disposición del cuerpo humano y derechos sobre el cadáver. Derechos de la personalidad como la propia imagen, los rasgos físicos, la voz, un perfil, es decir, aquellos atributos físicos apreciables por los sentidos son materia de protección para el Derecho.

Fausto Rico identifica a los derechos de la personalidad como

> facultades jurídicas que corresponden a la persona por el sólo hecho de ser persona (...) se ha discutido si integran o no el patrimonio, acerca de si su estudio compete o no al Derecho Civil, e incluso, se debate sobre si los derechos de la personalidad son algo distinto a los derechos fundamentales. Consideramos que la teoría y la regulación primaria de los derechos de la personalidad corresponde al Derecho Constitucional. La razón de lo anterior se funda en el concepto mismo de dichos derechos: "facultades jurídicas que corresponden a la persona por el sólo hecho de ser persona". Los derechos de la personalidad se refieren a las relaciones jurídicas más elementales, a los derechos que protegen los elementos de mayor valor que cuenta la persona (...) los derechos de la personalidad son facultades jurídicas (...) que pueden ejercerse frente a la colectividad; su finalidad no es hacer funcional al sujeto del derecho, sino preservarlo y proteger sus rasgos esenciales.[153]

No se deberá confundir el tema de los derechos de la personalidad con los atributos de la persona, los cuales son el nombre, el domicilio, la capacidad, el patrimonio, el estado civil y el estado político. Es oportuno recordar que "de origen germánico, según Carbonnier, *persona* es el término con que se designa al ser humano". La noción: "derechos de la personalidad" que viene implícita es la expresión que han adoptado la mayoría de los tratadistas, tanto nacionales como extranjeros, otros se han referido a ello como derechos personalísimos o derechos morales. Entre los autores nacionales que difieren, se encuentran Gutiérrez y González, quien se refiere a ellos como "patrimonio moral", y Guitrón Fuentevilla, quien habla de "derechos humanos subjetivos fundamentales". La dogmática jurídica que ha sido rica al explicar la naturaleza jurídica de esta institución, destaca tres teorías: la del *ius in ipsum*, defendida, entre otros, por Carneluti; la pluralista, representada por De Cupis, y la negativa, defendida por De Castro. La primera habla de un derecho único de la persona sobre su cuerpo; la segunda considera que los derechos de la personalidad están constituidos por los modos de ser físicos y morales; la tercera entiende como figura central la del bien jurídico en lugar de la del derecho subjetivo. La doctrina moderna coincide en otorgar a los derechos de la personalidad tres características: son innatos, personalísimos y extrapatrimoniales.[154] Asimismo,

> queda claro a través de las interpretaciones de los jueces en sus sentencias, que la capacidad jurídica se adquiere con el nacimiento y se extingue con la muerte. Aunque este artículo 22 (del Código Civil para el Distrito Federal), alude al hecho de que, para los efectos de dicho cuerpo normativo, se tiene al individuo por nacido desde el momento de su concepción, esto es una ficción jurídica, al ser necesario que nazca vivo para que sea titular de derechos. Ahora bien, se delimita cuando se adquiere la capacidad jurídica, pero no se conceptúa a la persona, o al término en sí (...) Cabe especificar, que el concepto de "persona" ha variado desde la época de la antigua Grecia, en donde tenía una connotación relegada para la representación de obras dramáticas, en las que era común utilizar unas "personas" o máscaras, con el objeto de amplificar o reverberar la voz del actor, a manera de caja acústica, que además, servían para determinar la condición del personaje caracterizado, a través de los dibujos que llevaban las máscaras (...) En la actualidad, el concepto de persona va más ligado al de ser humano, y ya no tiene nada que ver con el de "máscara", encontrando connotaciones más cercanas al orden jurídico, cuando se delimitan sus atribuciones y se crea la figura de la persona colectiva o jurídica; es en ese momento, cuando persona y capacidad encuentran un camino común, en el sentido de las facultades que les corresponden a los individuos, de hacer valer sus derechos y contraer obligaciones, en la medida que quieran y puedan realizar dichas atribuciones.[155]

Conforme al *Diccionario de la lengua española,* el vocablo "imagen" significa, entre otras cosas:

Del lat. *imāgo, -ĭnis.*

1. f. Figura, representación, semejanza y apariencia de algo.

2. f. Estatua, efigie o pintura de una divinidad o de un personaje sagrado.

3. f. Ópt. Reproducción de la figura de un objeto por la combinación de los rayos de luz que proceden de él.

4. f. *Ret.* Recreación de la realidad a través de elementos imaginarios fundados en una intuición o visión del artista que debe ser descifrada.

imagen accidental

1. f. *Biol.* imagen que, después de haber contemplado un objeto con mucha intensidad, persiste en el ojo, aunque con colores cambiados.

imagen médica

1. f. Conjunto de técnicas para crear imágenes digitalizadas del cuerpo humano con propósitos médicos. Laboratorio de imagen médica.

imagen pública

1. f. Conjunto de rasgos que caracterizan ante la sociedad a una persona o entidad.

imagen real

1. f. Ópt. Reproducción de un objeto formada por la convergencia de los rayos luminosos que, procedentes de él, atraviesan una lente o aparato óptico, y que puede ser proyectada en una pantalla.

imagen virtual

1. f. Ópt. Conjunto de los puntos aparentes de convergencia de los rayos luminosos que proceden de un objeto después de pasar por un espejo o un sistema óptico, y que, por tanto, no puede proyectarse en una pantalla.

quedar para vestir imágenes

1. loc. verb. Coloq. quedarse para vestir santos.

Ser la viva imagen de alguien o algo
1. loc. verb. Parecerse mucho a él.[156]

El antecedente del derecho a la imagen se remonta a la época de la República romana, donde el llamado *ius imaginum* era un derecho exclusivo de las familias patricias para confeccionar a partir de cera las máscaras mortuorias de sus antepasados, asimismo, sólo las familias nobles podían exhibir tales máscaras en los atrios de las casas y en las procesiones fúnebres. Existía la creencia de que la personalidad de los familiares muertos o *manes* prevalecería en la medida en que se mantuviera para la posteridad el rostro en la máscara. Joaquín Escriche en cuanto a las imágenes labradas:

> la *estatua* es toda figura de bulto labrada a imitación del natural. Entre los romanos gozaban el derecho de asilo, no solo los que se refugiaban en las iglesias, sino también los que se acogían a las estatuas de los príncipes según aparece por una Constitución de los emperadores Valentiniano, Teodosio y Arcadio (...) El que osare deshonrar a sabiendas la estatua u otra imagen que represente la persona del rey, comete alevosía, y si fuere hombre honrado debe ser desterrado del reino para siempre y perder lo que del rey hubiese recibido; más siendo de inferior clase, incurren en la pena de muerte (Ley XVIII, título 13, parte 2).[157]

La materia del derecho a la propia imagen está regulada por dos ramas del derecho: desde la propiedad intelectual, a través de la Ley Federal del Derecho de Autor (artículos 87 y 231, fracción II) y su Reglamento (artículo 74), y en el derecho común, en la Ciudad de México, en la Ley de Responsabilidad Civil para la Protección del Derecho a la Vida Privada, el Honor y la propia Imagen en el Distrito Federal, publicada en la *Gaceta Oficial del Distrito Federal*, el 19 de mayo de 2006.

Desde mi punto de vista, la protección moderna a la propia imagen se comenzó a desarrollar desde el derecho germánico, en particular durante los siglos XVII y XVIII, al preverse que cualquier mujer núbil tendrá acción y derecho de ser indemnizada por el daño moral, en caso de sufrir un accidente que desfigurara su rostro y dicha afección a su belleza significara la imposibilidad a la postre de contraer matrimonio; a dicha indemnización se le llamó coloquialmente como el "dinero del llanto". En México, el daño moral se ha regulado desde el Código Civil de 1870; el artículo 1587 establecía que al fijar el valor y deterioro no se atendería a su valor estimativo a no ser que el responsable hubiese destruido o deteriorado el bien con el objetivo de lastimar los sentimientos o afectos del propietario.

La regla antes descrita sería trasladada por el legislador al Código Civil de 1884. No fue sino hasta el año de 1982 que se introduce al Código Civil para el Distrito Federal, en materia común y para toda la República en materia federal, el artículo 1916, que regula la figura del daño moral, misma que hasta la publicación de la Ley de Responsabilidad Civil para la Protección del Derecho a la Vida Privada, el Honor y la propia Imagen en el Distrito Federal sirvió como eje sustantivo para la reclamación del daño causado sobre bienes de naturaleza extrapatrimonial. Al referirme al daño moral, se tiene que observar que éste protege dos aspectos: i) el *aspecto íntimo*, en el que están los sentimientos, creencias o afectos de la parte perjudicada; ii) el aspecto social, el cual engloba la reputación, configuración, aspectos físicos y consideración que de sí mismo tienen los demás.

Ahora bien, una de las primeras cuestiones que se suscitan al abordar la figura del daño moral consiste en definir ¿cómo una afectación que trasciende el aspecto material puede reclamarse económicamente? El legislador resolvió este dilema a través de lo que se conoce como "pago por equivalencia", una afectación de los sentimientos, reputación, configuración, afectos o aspectos físicos no puede ser tazada como cualquier bien u objeto material (pago *in natura*), sino que el resarcimiento se llevará a cabo por medio de un pago "por equivalencia", es decir, se prevé que un pago económico permita al afectado obtener sensaciones o experiencias agradables o placenteras que le ayuden a superar la afectación moral padecida. Con lo anterior estamos en presencia de una satisfacción sucedánea, dado que el dolor moral nunca podrá ser satisfecho cabalmente a través de una indemnización. Igualmente, el legislador previó la posibilidad de que cualquier afectación al aspecto social pueda repararse a través de la retractación pública del ofensor o la publicación de una sentencia de condena, en la que el juez de lo civil fije que la conducta atribuida al sujeto, que llevó a cabo el agravio, fue injustificada, y por lo tanto procede en su caso la indemnización requerida.

Cabe hacer mención que la Constitución federal no contempla el derecho a la propia imagen, sino que tal prerrogativa humana se deberá de considerar implícita en los artículos 6o. y 7o. constitucionales, al regular los derechos a la información y a la protección de datos personales. La Constitución Política de la Ciudad de México, publicada en la *Gaceta Oficial de la Ciudad de México* el día 5 de febrero del 2017, en su capítulo II ("DE LOS DERECHOS HUMANOS"), hace un reconocimiento a derechos de última generación, dentro de los que destacan, en su artículo 6o., el derecho a la autodeterminación personal, a la identidad y a la seguridad jurídica, de la siguiente manera:

> Artículo 6o.- Ciudad de Libertades y Derechos
>
> A. Derecho a la autodeterminación personal.
>
> 1. Toda persona tiene derecho a la autodeterminación y al libre desarrollo de una personalidad.
>
> 2. Este derecho humano fundamental deberá posibilitar que todas las personas puedan ejercer plenamente sus capacidades para vivir con dignidad. La vida digna contiene implícitamente el derecho a una muerte digna.
>
> (...)

C. Derecho a la identidad y a la seguridad jurídica.
1. Toda persona, grupo o comunidad tienen derecho al nombre, a su propia imagen y reputación, así como al reconocimiento de su identidad y personalidad jurídica.

Efectivamente, la Constitución local en comento reconoce el derecho a la propia imagen como parte de la dignidad humana y, por lo tanto, un bien susceptible de ser protegido por medio de las normas sustantivas y adjetivas.

Por su parte, la Ley de Responsabilidad Civil para la Protección del Derecho a la Vida Privada, el Honor y la propia Imagen en el Distrito Federal, establece en su artículo 1o. lo siguiente:

> Artículo 1o.- Las disposiciones de esta ley son de orden e interés público y de observancia general en el Distrito Federal, y se inspiran en la protección de los Derechos de la Personalidad a nivel internacional reconocidos en los términos del artículo 133 de la Constitución Política de los Estados Unidos Mexicanos.
>
> Tiene por finalidad regular el daño al patrimonio moral derivado del abuso del derecho de la información y de la libertad de expresión.
>
> Tratándose de daño al patrimonio moral diverso al regulado en el párrafo que antecede, se seguirá rigiendo por lo dispuesto en el artículo 1916 del Código Civil para el Distrito Federal.

La ley en estudio define al "patrimonio moral" como el "conjunto de bienes no pecuniarios, obligaciones y derechos de una persona, que constituyen una universalidad de derecho. Se conforma por los derechos de personalidad".[158]

El artículo 16 de la Ley de Responsabilidad Civil para la Protección del Derecho a la Vida Privada, el Honor y la propia Imagen en el Distrito Federal define a la imagen como "la reproducción identificable de los rasgos físicos de una persona sobre cualquier soporte material". Asimismo, el artículo 17 de dicha norma establece que "toda persona tiene derecho sobre su imagen, que se traduce en la facultad para disponer de su apariencia autorizando, o no, la captación o difusión de la misma", resultando por tanto que el derecho de la imagen es un derecho exclusivo, susceptible de protegerse por medio de las acciones y demás normas adjetivas establecidas. Y según el artículo 36 de dicha ley, para que se produzca el daño al patrimonio moral se requieren surtir los siguientes supuestos:

a. Que exista afectación en la persona, de los bienes tutelados por la ley (*sic*);
b. Que esa afectación sea a consecuencia de un acto ilícito;
c. Que haya un nexo causal entre la "afectación en la persona, de los bienes tutelados" y el acto ilícito.
d. Para la procedencia de la acción se deberá tomar en cuenta la mayor o menor divulgación del hecho lesivo, las condiciones personales de la parte afectada y las circunstancias del caso en concreto.

De conformidad con lo anterior, las conductas susceptibles de regularse y protegerse al amparo de la ley invocada son: i) la captación y ii) la difusión de la imagen, con o sin finalidad de lucro.[159] No obstante, la Ley de Responsabilidad Civil para la Protección del Derecho a la Vida Privada, el Honor y la propia Imagen en el Distrito Federal establece la necesidad de llevar a cabo una ponderación de derechos entre el derecho a la información, la libertad de expresión y los derechos de la personalidad.[160] Así, el artículo 21 de la ley en mención establece que el derecho a la propia imagen no impedirá:

> I. Su captación, reproducción o publicación por cualquier medio, cuando se trate de personas que ejerzan un cargo público o una profesión de notoriedad o proyección pública y la imagen se capte durante un acto público o en lugares abiertos al público que sean de interés público.
>
> II. La utilización de la caricatura de dichas personas, de acuerdo con el uso social.
>
> III. La información gráfica sobre un suceso o acontecimiento

público cuando la imagen de una persona determinada aparezca como meramente accesoria.

El Pleno de la Suprema Corte de Justicia de la Nación, en las tesis aisladas P. LXV/2009 y P. LXVII/2009, ha sostenido que

> el derecho a la propia imagen es personalísimo, y faculta a su titular a decidir libremente, sobre la manera en que elige mostrarse frente a los demás y, por consiguiente, se configura, junto con otros derechos igualmente personalísimos (intimidad e identidad personal y sexual), como un derecho de defensa y garantía esencial para la condición humana.

De acuerdo con el artículo 19 de la Ley de Responsabilidad Civil para la Protección del Derecho a la Vida Privada, el Honor y la propia Imagen en el Distrito Federal,

> la imagen de una persona no debe ser publicada, reproducida, expuesta o vendida en forma alguna si no es con su consentimiento, a menos que dicha reproducción esté justificada por la notoriedad de aquella, por la función pública que desempeñe o cuando la reproducción se haga en relación con hechos, acontecimientos o ceremonias de interés público o que tengan lugar en público y sean de interés público.

Por lo que la autoridad jurisdiccional podrá conocer de las controversias que se le planteen en la "vía de controversia", conforme a lo establecido por el Código de Procedimientos Civiles para el Distrito Federal, deduciéndose que la referida vía no será otra que la ordinaria civil. Las acciones para exigir la reparación del daño, contenidas en la referida ley de protección de los derechos de la personalidad, prescribirán a los dos años de la causación del daño presumiblemente ilícito.

Respecto a la materia de la propiedad intelectual en sentido estricto, la Ley Federal del Derecho de Autor, en su artículo 87 establece lo siguiente en relación con la imagen de las personas:

> El retrato de una persona sólo puede ser usado o publicado, con su consentimiento expreso, o bien con el de sus representantes o los titulares de los derechos correspondientes. La autorización de usar o publicar el retrato podrá revocarse por quien la otorgó quién, en su caso, responderá por los daños y perjuicios que pudiera ocasionar dicha revocación.
>
> Cuando a cambio de una remuneración, una persona se dejare retratar, se presume que ha otorgado el consentimiento a que se refiere el párrafo anterior y no tendrá derecho a revocarlo, siempre que se utilice en los términos y para los fines pactados.
>
> No será necesario el consentimiento a que se refiere este artículo cuando se trate del retrato de una persona que forme parte menor de un conjunto o la fotografía sea tomada en un lugar público y con fines informativos o periodísticos.
>
> Los derechos establecidos para las personas retratadas durarán 50 años después de su muerte.

El vocablo "retrato" (del lat. *retractus*), conforme al *Diccionario de la lengua española,* se define como

> Pintura o efigie principalmente de una persona (...) Descripción de la figura o carácter, o sea, de las cualidades físicas o morales de una persona. Aquello que se asemeja mucho a una persona o cosa (...) Imagen de una persona dibujada a partir de los rasgos físicos que ofrece quien la conoce o la ha visto (...) Conjunto de las características de un tipo de personas.[161]

Para el maestro Eduardo de la Parra, la palabra *retrato* en la ley mexicana es un anacronismo proveniente de la ley de propiedad intelectual argentina; sin embargo, al día de hoy, se debe de entender que este término implica la captación de los rasgos físicos de las personas en cualquier medio, no solamente pintura o fotografías, sino video, escultura, medios audiovisuales, etcétera, lo que incluye cine por ser "fotografías en movimiento". No se trata del soporte material, "retrato" es un término anacrónico y es empleado por las leyes que inspiraron a la norma mexicana, las cuales son de los años treinta. Leyes posteriores ya emplean el término "imagen" que es más moderno. Conforme a la ley autoral mexicana se puede concluir que utilizar la imagen sin autorización es un acto ilícito.[162]

Cuando la norma en estudio establece que "la autorización de usar o publicar el retrato podrá revocarse por quien la otorgó quién, en su caso, responderá por los daños y perjuicios que pudiera ocasionar dicha revocación", fija una excepción al principio contractual *pacta sum servandae* (obligatoriedad o intangibilidad), regulado en los artículos 1796 y 1797 del Código Civil Federal, los cuales establecen que los contratos obligan a las partes desde que se perfeccionan, excepto aquellos que deben revestir una forma establecida por la ley, y que la validez y cumplimiento de los contratos no puede quedar al arbitrio de uno de los contratantes, de tal suerte que al tener lugar la revocación del uso o publicación de un retrato, concederá el derecho a la parte afectada para exigir el pago de daños y perjuicios.

Asimismo, analizando el segundo párrafo del artículo 87 del cuerpo normativo citado, se concluye que la prueba de la existencia de remuneración y de consentimiento expreso se da a través de la exhibición de constancias o impresiones de transferencias, depósitos, facturas, recibos, y por lo tanto se perderá el derecho de revocación cuando haya remuneración de por medio. El maestro De la Parra ha criticado esta norma por pretender mercantilizar un derecho humano de personalidad, ya que los derechos humanos no son materia de comercio.[163]

Como excepciones de licitud del precepto en análisis el tercer párrafo establece que "no será necesario el consentimiento a que se refiere este artículo cuando se trate del retrato de una persona que forme parte menor de un conjunto o la fotografía sea tomada en un lugar público y con fines informativos o periodísticos".

Por su parte, el artículo 231 de la Ley Federal del Derecho de Autor determina:

Constituyen infracciones en materia de comercio las siguientes conductas cuando sean realizadas con fines de lucro directo o indirecto:

(...)

II. Utilizar la imagen de una persona sin su autorización o la de sus causahabientes...

En el precepto transcrito, llama la atención que el legislador ya emplea la palabra "imagen" y deja de lado el vocablo "retrato", que se considera, como se manifestó, un término que no va acorde con los múltiples medios tecnológicos por los que una imagen o efigie puede captarse o plasmarse. Por su parte, el doctor Jesús Parets comenta en su obra *El proceso administrativo de infracción intelectual* que

> el alcance de protección del derecho a la imagen comprende los rasgos, las manifestaciones, formas de expresión y demás elementos que en su conjunto conforman esta, misma que si bien es cierto aluden al rostro de una persona como elemento determinante de la imagen, también lo es que no es el único supuesto, ya que es importante tomar en consideración la expresión corporal y rasgos generales que la particularicen. Obviamente sería ilógico pretender presentar una solicitud de declaración administrativa de infracción en materia de comercio por presunta violación al derecho de imagen de una persona, verbigracia, por la fijación material fotográfica de las manos de ésta; mismas que si bien es cierto forman parte o elemento de una persona, por sí solas no logran estar comprendidas en el concepto de imagen, toda vez que no permiten apreciar que se trata de determinada persona, a diferencia del rostro que siendo de igual forma elemento de ésta, permite determinar de quien se trata.[164]

Al respecto, es de citarse el siguiente criterio de la Suprema Corte de Justicia de la Nación:

Décima Época
Registro digital: 2011892
Instancia: Segunda Sala
Tesis Aislada
Fuente: Gaceta del Semanario Judicial de la Federación
Libro 31, Junio de 2016, Tomo II
Materia(s): Constitucional
Tesis: 2a. XXV/2016 (10a.)
Página: 1206
DERECHO A LA IMAGEN. SU CONCEPTO DE ACUERDO CON LA LEY FEDERAL DEL DERECHO DE AUTOR.
El derecho a la imagen debe entenderse como parte del derecho a la identidad, y como un derecho personalísimo que tiene todo individuo de decidir cómo se muestra a los demás, esto es, la potestad de disponer en el ámbito de su propia autoridad y en forma libre sobre su propia imagen. En ese orden de ideas, el concepto de derecho a la imagen previsto en el artículo 231, fracción II, de la Ley Federal del Derecho de Autor, se instauró como una limitante que tiene el autor de una obra fotográfica, en el sentido de que podrá comercializar con ella siempre y cuando la persona que aparezca en ésta otorgue su consentimiento para ello.
Amparo directo 48/2015. 27 de abril de 2016. Cinco votos de los Ministros Eduardo Medina Mora I., Javier Laynez Potisek, José Fernando Franco González Salas, Margarita Beatriz Luna Ramos y Alberto Pérez Dayán; votó con salvedad Margarita Beatriz Luna Ramos. Ponente: José Fernando Franco González Salas. Secretaria: Selene Villafuerte Alemán.
Esta tesis se publicó el viernes 17 de junio de 2016, a las 10:17 horas, en el Semanario Judicial de la Federación.

A su vez, en relación con las reservas de derechos, el artículo 73 del Reglamento de la Ley Federal del Derecho de Autor establece que

> para efectos de lo dispuesto en el artículo 188, fracción I, inciso e), de la Ley, será necesario el consentimiento expreso del interesado, cuando la solicitud correspondiente comprenda, conjunta o aisladamente, la reproducción del rostro de una

persona determinada, su expresión corporal, facciones o rasgos generales, de tal manera que se pueda apreciar que se trata de la misma persona, aun cuando su rostro, expresión, facciones o rasgos generales fueran modificados o deformadas y su nombre sustituido por uno ficticio.

Asimismo, el maestro Parets, en la obra en cita comenta que, para acreditar la titularidad o legitimación de la causa en esta acción, el titular de la imagen, en caso de no ser un personaje notorio o conocido, requerirá exhibir en el procedimiento alguna identificación oficial que permita a la autoridad sostener la identidad y coincidencia de rasgos del demandante y el soporte material en el que se utilizó sin autorización la imagen de la persona afectada. En caso de que el titular de la imagen fuese una persona que gozara de fama pública, la acreditación de la titularidad se puede dar a través de la exhibición, tanto de identificaciones oficiales como de publicaciones en donde aparezca la imagen o efigie del titular.[165]

Las excepciones anteriores se refuerzan por medio del artículo 74 del Reglamento de la ley autoral al establecer: "Para los efectos de la fracción II del artículo 231 de la ley, no constituirá infracción en materia de comercio la utilización de la imagen de una persona sin la autorización correspondiente, cuando se realice con fines informativos o periodísticos o en ejercicio del derecho de libertad de expresión".

Así, conforme a la fracción II del artículo 231 de la Ley Federal del Derecho de Autor, para que se dé la actualización de tal hipótesis, se requerirá que confluyan los siguientes elementos:

a. Titularidad del derecho y acreditación de la legitimación de la causa;
b. Uso de la imagen de una persona sin su autorización o la de sus causahabientes;
c. La pretensión de obtener un lucro directo como consecuencia de la explotación de un derecho de propiedad intelectual.

Por otra parte, es de observar que la Ley Federal de Protección a la Propiedad Industrial en su artículo 173, fracción XIII, contiene una norma protectora de la imagen y del retrato, misma que en lo conducente sostiene:

> Artículo 173.- No serán registrables como marca:
>
> (...)
>
> XIII.- Los nombres, apellidos, apelativos o seudónimos de personas que hayan adquirido tal prestigio, reconocimiento o fama que al usarse puedan crear un riesgo de asociación, inducir al error, confusión o engaño al público consumidor, salvo que se trate de dicha persona o exista consentimiento expreso de la misma o de quien tenga el derecho correspondiente.
>
> Tampoco será registrable la imagen, la voz identificable, el retrato o la firma de una persona sin su consentimiento expreso, o de quien tenga el derecho correspondiente ...

En este contexto, en diversos videojuegos figuran las imágenes de personajes en los que se aprovecha su notoriedad y fama para incrementar la popularidad de tales divertimentos electrónicos. Dentro de esta lista de juegos que emplean las imágenes de personas de la vida real, se puede citar el famoso *FIFA*, juego de futbol soccer, en donde el físico real o cuerpo de los jugadores más famosos son adaptados digitalmente, de manera que los titulares de la imagen deben otorgar su consentimiento para el uso de dichas imágenes. En el caso del juego *FIFA*, los jugadores como Lionel Messi, Cristiano Ronaldo, Luis Suárez o Gianluigi Buffon figuran en el juego con sus rostros, nombres y gestos para mayor realismo.

6.2.1 *Contratación relativa a la propia imagen*

Amén de lo asentado en la presente obra sobre la contratación y registro conforme a las normas de derechos de autor y la propiedad industrial, en los contratos en los que se involucre la explotación de la imagen se deberán estipular, entre otros puntos, el territorio, los medios en los que se llevará a cabo y los plazos de explotación correspondientes. Es fundamental hacer notar que el derecho a la imagen como atributo de la personalidad, es personalísimo y no puede ser objeto libre de comercio, de tal suerte que sólo el titular tendrá el derecho a su explotación comercial.

Los contratos de autorización del uso de la imagen no se fundarán en las normas de contratación del uso de obras artísticas, sino propiamente la regulación del uso de la imagen de las personas, no siendo aplicables en consecuencia los artículos 73 y 74 la Ley Federal del Derecho de Autor[166] relativos a los contratos publicitarios, a menos de que estemos en presencia del supuesto del uso del retrato como obra autoral. Así, es preciso aclarar que los citados artículos 73 y 74 de la ley autoral sólo serán aplicables en caso de un uso publicitario de obras. Sin embargo, en materia del uso de la imagen deberá celebrarse un contrato civil con el titular del derecho de la efigie, por lo que a menos de que la imagen esté plasmada en una obra, habrá lugar a que se suscriba un contrato publicitario con el autor de la obra, mediando igualmente la necesidad de obtener la correspondiente autorización del titular del derecho de la imagen que hubiese sido plasmado en la obra. El pago de regalías se llevará a cabo cada seis meses, y transcurridos tres años se renovará el contrato. Este plazo no admite pacto en contrario por lo que, de no respetarse dicho plazo, el contrato sería nulo. Dado que es frecuente observar que la imagen de personajes públicos, como la de deportistas o actores, es incorporada a los juegos electrónicos, los contratos en los que se lleve a cabo la explotación de la propia imagen deberán tomar en cuenta las normas antes comentadas a fin de dar certeza jurídica a las partes involucradas.

En materia del derecho a la propia imagen y la interpretación de los contratos de uso del retrato de una persona, el siguiente criterio jurisprudencial es digno de ser citado:

Décima Época
Registro digital: 2013415

Instancia: Tribunales Colegiados de Circuito
Tesis Aislada
Fuente: Gaceta del Semanario Judicial de la Federación
Libro 38, Enero de 2017, Tomo IV
Materia(s): Constitucional, Administrativa
Tesis: I.7o.A.144 A (10a.)
Página: 2513
DERECHO A LA PROPIA IMAGEN. INTERPRETACIÓN DE LOS CONTRATOS DE USO DEL RETRATO DE UNA PERSONA (MODELO), EN TÉRMINOS DE LOS ARTÍCULOS 75 Y 87 DE LA LEY FEDERAL DEL DERECHO DE AUTOR.
El Pleno de la Suprema Corte de Justicia de la Nación, en las tesis aisladas P. LXV/2009 y P. LXVII/2009, sostuvo que el derecho a la propia imagen es personalísimo, y faculta a su titular a decidir en forma libre, sobre la manera en que elige mostrarse frente a los demás y, por consiguiente, se configura, junto con otros también personalísimos (a la intimidad y a la identidad personal y sexual), como un derecho de defensa y garantía esencial para la condición humana. Por otro lado, la Corte Interamericana de Derechos Humanos, al resolver el caso Fontevecchia y D'Amico vs. Argentina (Fondo, Reparaciones y Costas), sentencia de 29 de noviembre de 2011, serie C, Núm. 238, sostuvo que aunque el derecho a la propia imagen no se encuentra expresamente enunciado en el artículo 11 de la Convención Americana sobre Derechos Humanos, las imágenes o fotografías personales están incluidas dentro del ámbito de protección de la vida privada, y que la fotografía es una forma de expresión que recae en el ámbito de protección del artículo 13 de la propia convención. Además, el Código Civil Federal establece las reglas esenciales que rigen en materia de interpretación de los contratos; entre ellas destaca la relativa a que si los términos de éstos son claros y no dejan duda sobre la intención de los contratantes, se estará al sentido literal de sus cláusulas. Luego, los contratos en los que se autoriza el uso de retratos, en términos de los artículos 75 y 87 de la Ley Federal del Derecho de Autor, deben interpretarse en sentido estricto y atender a lo expresamente pactado. Así, la autorización del uso de la imagen de una persona (modelo) en ciertos lugares, no puede considerarse como

una cláusula abierta o ejemplificativa para usarla en otros no pactados expresamente, porque ello atentaría contra el derecho personalísimo mencionado inicialmente y, por ende, contra la dignidad humana.
SÉPTIMO TRIBUNAL COLEGIADO EN MATERIA ADMINISTRATIVA DEL PRIMER CIRCUITO.
Amparo directo 360/2016. Jonatán Emanuel Carmona. 6 de octubre de 2016. Unanimidad de votos. Ponente: Francisco García Sandoval. Secretaria: Silvia Martínez Aldana.
Nota: Las tesis aisladas P. LXV/2009 y P. LXVII/2009, de rubros: "DIGNIDAD HUMANA. EL ORDEN JURÍDICO MEXICANO LA RECONOCE COMO CONDICIÓN Y BASE DE LOS DEMÁS DERECHOS FUNDAMENTALES" y "DERECHOS A LA INTIMIDAD, PROPIA IMAGEN, IDENTIDAD PERSONAL Y SEXUAL. CONSTITUYEN DERECHOS DE DEFENSA Y GARANTÍA ESENCIAL PARA LA CONDICIÓN HUMANA" citadas, aparecen publicadas en el Semanario Judicial de la Federación y su Gaceta, Novena Época, Tomo XXX, diciembre de 2009, páginas 8 y 7, respectivamente.
Esta tesis se publicó el viernes 06 de enero de 2017, a las 10:07 horas, en el Semanario Judicial de la Federación.

6.2.2. El derecho de arena

El derecho de arena o derecho de estadio no se regula expresamente en la legislación mexicana, por lo que la aproximación al tema se da a nivel doctrinal. El nombre de esta figura proviene de la arena, es decir, del recinto o espacio donde tiene lugar la justa deportiva en la que el atleta despliega una actuación, la cual puede ser fotografiada o filmada. Esta figura se define como una prerrogativa de todo atleta o artista a recibir una regalía o provecho económico por la publicación o difusión que se haga de su imagen en las transmisiones realizadas en medios gráficos, radiofónicos o electrónicos de comunicación, siendo los deportistas, los artistas, las sociedades de gestión colectiva o las asociaciones de deportistas, las legitimadas y encargadas de exigir el pago de tal derecho a los medios de comunicación o, en su caso, llevar a cabo las gestiones pertinentes ante autoridades competentes con el fin restringir tales transmisiones. No necesariamente deberá de existir una lesión al honor o a los afectos del titular de este derecho por la difusión de su imagen para que proceda el pago del derecho de arena, baste que exista un lucro por parte del medio de comunicación por la difusión de la efigie para que el atleta tenga el derecho correlativo; es decir, es irrelevante si el medio de comunicación alaba o critica al titular, basta con que éste sea noticia y, por ende, haga que los medios de comunicación obtengan una ganancia por concepto de la difusión de esa imagen para que exista la posibilidad legal de exigir el cobro del derecho de arena. Para Viñamata,

> este derecho resulta aplicable a los deportistas y consiste en el derecho a recibir una remuneración por la publicación que se haga de su persona en las transmisiones de radio y televisión. Como la transmisión de un partido por televisión o radio es natural en todo evento deportivo, el jugador, al ser contratado, sabe que su nombre y su imagen van a ser transmitidas, a veces a todo el mundo, por virtud de las emisiones vía satélite y, por lo mismo, el problema se reduce a un aspecto meramente contractual, que escapa a la materia de los derechos de autor.[167]

Hay opiniones que sostienen que el artículo 121 de la Ley Federal del Derecho de Autor regula el derecho de arena, al establecer que:

> Salvo pacto en contrario, la celebración de un contrato entre un artista intérprete o ejecutante y un productor de obras audiovisuales para la producción de una obra audiovisual conlleva el derecho de fijar, reproducir y comunicar al público las actuaciones del artista. Lo anterior no incluye el derecho de utilizar en forma separada el sonido y las imágenes fijadas en la obra audiovisual, a menos que se acuerde expresamente.

A su vez, para Otero y Ortiz,

> la interpretación de que la actuación de los deportistas se asimila en el derecho de arena al derecho vecino o conexo, es absurdo (*sic*) ya que el derecho de autor tiene por objeto proteger la creación intelectual, así como su divulgación y difusión. Es por ello que la actuación de futbolistas, boxeadores, toreros, artistas de circo, pilotos de carreras de autos, los jinetes en los hipódromos, etc. por excelentes que sean sus demostraciones físicas, éstas no tienen nada de creación artística (...) En México no se regula el derecho de arena. Un ejemplo es el futbol, que es el deporte más popular; los clubes deportivos, mediante un contrato permiten a los organismos de televisión que transmitan los partidos mediante el pago de una cantidad determinada, pero los jugadores no reciben ninguna cantidad adicional por este concepto. A los futbolistas solo se les paga para que se desempeñen en el terreno de juego. El derecho de arena, para algunos tratadistas, forma parte del Derecho a la Imagen, por referirse al retrato de una persona y los retratados tienen derecho a oponerse a que su imagen se difunda.[168]

Como se hizo mención, cuando se trata de la imagen de una persona plasmada en un soporte material, concurren dos tipos de derechos, a saber, el derecho del titular de la imagen y el derecho del autor de la persona que captó la imagen.

Rangel Medina sostiene que al amparo del artículo 87 de la Ley Federal del Derecho de Autor, se reconoce que el retrato de una persona sólo puede ser usado o publicado mediando consentimiento expreso, por lo que concluye que en el sistema mexicano el derecho de arena tiene las siguientes características:

1. La televisión deberá pagar el derecho de arena a los jugadores siempre que la transmisión o retransmisión sea vendida, quedando la obligación de hacer dicho pago a cargo del empresario que compre la transmisión del espectáculo deportivo;

2. Para aplicar dicho principio no tendrá por qué distinguirse la naturaleza intrínseca de la práctica deportiva, por lo que las normas que lo establecen deben hacerse extensivas a todos los sucesos deportivos públicos y con entrega pagada;
3. En los casos en que concurren esas dos condiciones (ejecución pública con entrada pagada), el beneficio del derecho de arena debe aplicarse en forma extensiva a los artistas, intérpretes y ejecutantes, aun cuando su actuación no sea un espectáculo deportivo, ni se desarrolle en un campo abierto tradicional, llámese arena, estadio, plaza de toros, hipódromo, cancha de tenis, alberca, etcétera.[169]

En el caso que nos ocupa, cabría preguntarse si la figura en análisis podría ser adaptada a los juegos electrónicos. Desde mi punto de vista, y tomando como referencia el juego de futbol soccer *FIFA*, toda vez que en dicho programa es posible observar los rostros de los jugadores de futbol e incluso sus gestos, queda claro que dichas imágenes, al haber sido adaptadas de las justas deportivas al programa, causarían la obligación de pago del derecho de arena o, en el caso de México, del derecho de explotación de la propia imagen. Ahora bien, para el caso de los jugadores de deportes electrónicos, queda claro que la actuación que despliegan difícilmente podría ser protegida al amparo del derecho a la propia imagen o el derecho de arena, dado que esta actividad se plasma en el propio videojuego, es decir, sobre una obra intelectual protegida, a saber, un programa de cómputo.

No pasa desapercibido que los *gamers* suelen trabajar en el diseño de su imagen a fin de ganar notoriedad, sin embargo, dicha imagen será susceptible de protección a través del derecho a la propia imagen, conforme a lo comentado en el apartado anterior.

Notas

[141] *Cfr*. Viascán Castillo, Claudia del Carmen, *op. cit.*, pp. 6-7.

[142] *Ibidem*, p. 52.

[143] Fracción V, artículo 173 de la Ley Federal del Derecho de Autor.

[144] Por la naturaleza de las reservas que contempla la Ley Federal del Derecho de Autor se concluye que el titular podrá ser tanto persona física como persona jurídica.

[145] Artículo 176 de la Ley Federal del Derecho de Autor.

[146] *Cfr*. Viascán Castillo, Claudia del Carmen, *op. cit.*, p. 50.

[147] Magaña Rufino, José Manuel (coord.), *Estudios en materia de propiedad industrial e intelectual*, México, Novum, 2015, p. 42.

[148] Obón León, Juan Ramón, *La publicidad y el derecho de autor*, México, Tirant Lo Blanch, 2013, p. 106.

[149] Cfr. Gutiérrez y González, Ernesto, *El patrimonio., cit.*, p. 878.

[150] *Ibidem*, p. 743.

[151] *Cfr*. Gutiérrez y González, Ernesto, *Derecho de las oblig*aciones, México, Porrúa, 2005, p. 121.

[152] Artículo 675 del Código Civil del Estado de Quintana Roo.- "Los habitantes del Estado tienen derecho a que las autoridades y los demás habitantes; de la comunidad que habiten, respeten los derechos de convivencia por medio de los cuales se protege las relaciones interpersonales. Enunciativamente se consideran derechos de convivencia, protegidos por la ley, los siguientes:

a).- Derecho de asistencia o ayuda en caso de accidente. sin perjuicio de lo que disponga el Código Penal;

b).- Derecho al libre acceso a su casa habitación, sin que se lo impidan vehículos u objetos estacionados o colocados a la entrada de la misma, aunque no haya anuncio de prohibición en ese sentido;

c).- Derecho a que no se deposite basura o desperdicios en el frente, o a los lados de su casa-habitación, aunque no haya señal o prohibición en este sentido;

d).- Derecho a no ser perturbado por les vecinos con sonidos estridentes o estruendos o por la luz temporal de lámparas que moleste su reposo". [En el mismo sentido, el artículo 85 del Código Civil del Estado de Puebla regula estos derechos.]

[153] Rico Álvarez, Fausto *et al.*, *Introducción al estudio del derecho civil y personas*, México, Porrúa, 2018, p. 165-166.

[154] Cienfuegos Salgado, David, "La protección civil de la persona humana en México", *Revista de Investigaciones Jurídicas*, México, 2000, pp. 435-436.

[155] *Régimen Mexicano del Derecho Civil*, México, Legis, 2006, p. 133.

[156] Disponible en: *https://dle.rae.es/?id=KzwDY4y*

[157] Escriche, Joaquín, *op. cit.*, t. II, p. 660.

[158] Artículo 4o., fracción VI de la Ley de Responsabilidad Civil para la Protección del Derecho a la Vida Privada, el Honor y la Propia Imagen en el Distrito Federal.

[159] Artículo 17 de la Ley de Responsabilidad Civil para la Protección del Derecho a la Vida Privada, el Honor y la propia Imagen en el Distrito Federal.- "Toda persona tiene derecho sobre su imagen, que se traduce en la facultad para disponer de su apariencia autorizando, o no, la captación o difusión de la misma".

[160] Artículo 8 de la Ley de Responsabilidad Civil para la Protección del Derecho a la Vida Privada, el Honor y la propia Imagen en el Distrito Federal.- "El ejercicio de la libertad de expresión y el derecho a la información y el derecho a informar se debe ejercitar en armonía con los derechos de personalidad".

Artículo 19 de la Ley de Responsabilidad Civil para la Protección del Derecho a la Vida Privada, el Honor y la propia Imagen en el Distrito Federal.- "La imagen de una persona no debe ser publicada, reproducida, expuesta o vendida en forma alguna si no es con su consentimiento, a menos que dicha reproducción esté justificada por la notoriedad de aquélla, por la función pública que desempeñe o cuando la reproducción se haga en relación con hechos, acontecimientos o ceremonias de interés público o que tengan lugar en público y sean de interés público".

[161] Disponible en: *https://dle.rae.es/?id=WK0XDqv*

[162] De la Parra Trujillo, Eduardo, Apuntes del módulo "Derecho de la imagen", Especialidad en Derecho de la Propiedad Industrial e Intelectual, Universidad Panamericana, Ciudad de México, 6 de julio de 2012.

[163] *Idem.*

[164] Parets Gómez, Jesús, *El proceso administrativo de infracción intelectual*, México, Sista, 2007, p. 117.

[165] *Ibidem*, pp. 118-119.

[166] Artículo 73 de la Ley Federal del Derecho de Autor.- "Son contratos publicitarios los que tengan por finalidad la explotación de obras

literarias o artísticas con fines de promoción o identificación en anuncios publicitarios o de propaganda a través de cualquier medio de comunicación".

Artículo 74 Ley Federal del Derecho de Autor.- "Los anuncios publicitarios o de propaganda podrán ser difundidos hasta por un periodo máximo de seis meses a partir de la primera comunicación. Pasado este término, su comunicación deberá retribuirse, por cada periodo adicional de seis meses, aun cuando sólo se efectúe en fracciones de ese periodo, al menos con una cantidad igual a la contratada originalmente. Después de transcurridos tres años desde la primera comunicación, su uso requerirá la autorización de los autores y de los titulares de los derechos conexos de las obras utilizadas".

[167] Viñamata Paschkes, Carlos, *op. cit.*, p. 47.

[168] Otero Muñoz, Ignacio y Ortiz Bahena, Miguel Ángel, *Propiedad Intelectual*, México, Porrúa, 2011, p. 121.

[169] Rangel Medina, David, *Derecho Intelectual*, McGraw-Hill, *op. cit.*, p. 150 y 151.

7

Marco legal del derecho laboral y prestación de servicios en los deportes electrónicos

Como se indicó al principio de esta obra, hay otras materias jurídicas que indudablemente están involucradas con los deportes electrónicos y abordarlas todas excedería el objeto de nuestro estudio. Entonces, considerando que "una sociedad que no esté unida por el derecho será una congregación de fieras, pero no será una sociedad de personas",[170] debo manifestar que es importante el estudio de los deportes electrónicos desde ópticas especializadas y diversas, no sólo del derecho, sino también de las ciencias o técnicas, tales como la ingeniería en sistemas, la ciencia médica, las matemáticas, entre otras tantas.

Ahora bien, respecto al derecho del trabajo, la Constitución Política de los Estados Unidos Mexicanos, en su artículo 123, párrafo primero, establece que "toda persona tiene derecho al trabajo digno y socialmente útil; al efecto, se promoverán la creación de empleos y la organización social para el trabajo conforme a la ley". En tanto, la Ley Federal del Trabajo (LFT), reglamentaria de este precepto constitucional, determina en su artículo 1o. que "es de observancia general en la República Mexicana", y tiene por objeto, según su artículo 2o., "la consecución del equilibrio entre los factores de la producción y la justicia social, así como propiciar el trabajo digno o decente en todas las relaciones laborales", entendiéndose por "trabajo digno o decente aquél en el que se respeta plenamente la dignidad humana del trabajador".

Reformada el 1 de mayo de 2019, la LFT establece en su artículo 3o. que "el trabajo es un derecho y un deber social, no es artículo de comercio, y exige respeto para las libertades y dignidad de los trabajadores, así como el reconocimiento a las diferencias de género en aras de lograr la igualdad ante la ley, asegurando la vida digna y la salud para los trabajadores y sus dependientes", abatiendo la discriminación o violencia en el ambiente laboral "por motivo de origen étnico o nacional, género, edad, discapacidad, condición social, condiciones de salud, religión, condición migratoria, opiniones, preferencias sexuales, estado civil o cualquier otro que atente contra la dignidad humana", sin que las "distinciones, exclusiones o preferencias que se sustenten en las calificaciones particulares que exija una labor determinada implique discriminación".

Asimismo, en el marco de la reforma a la ley laboral de mayo de 2019, conforme al artículo 604, se determina que en sustitución de las Juntas de Conciliación y Arbitraje corresponderá "a los Tribunales del Poder Judicial de la Federación o de los Tribunales de las entidades federativas, el conocimiento y la resolución de los conflictos de trabajo que se susciten entre trabajadores y patrones, sólo entre aquellos o sólo entre éstos, derivado de las relaciones de trabajo o de hechos relacionados con ellas", y en cuyas actuaciones se "deberán observar los principios de legalidad, imparcialidad, transparencia, autonomía e independencia".

Debemos recordar que para que exista una relación de trabajo, son necesarios los siguientes supuestos:

I. La existencia de una relación de supra a subordinación entre el trabajador y el patrón.
II. El pago de un salario que deberá fijarse por unidad de tiempo, por unidad de obra o por comisión.
III. La entrega de herramientas de trabajo.
IV. Un horario de trabajo establecido conforme a la ley.
V. Un lugar de prestación de los servicios (este requisito puede variar e incluso obviarse según las condiciones de trabajo pactadas).

Al respecto, esta relación de trabajo puede darse entre *gamers*, quienes serán los trabajadores, y los clubes fungirán en calidad de la parte patronal. Para que exista una relación de trabajo debe suscribirse un contrato laboral en términos del artículo 25 de la Ley Federal del Trabajo, en el cual se establezcan la información y condiciones de la relación laboral, como

> nombre, nacionalidad, edad, sexo, estado civil, Clave Única de Registro de Población, Registro Federal de Contribuyentes, domicilio del trabajador y del empleador, si la relación de trabajo es para obra o tiempo determinado, por temporada, de capacitación inicial o por tiempo indeterminado y, en su caso, si está sujeta a un periodo de prueba, el servicio o servicios que deban prestarse, los que se determinarán con la mayor precisión posible, el lugar o los lugares donde deba prestarse el servicio subordinado, la duración de la jornada, forma y monto del salario, día y lugar de pago del salario, la indicación de que el trabajador será capacitado o adiestrado en los términos de los planes y programas establecidos o que se establezcan en la empresa, conforme a lo dispuesto en la

> Ley, condiciones de trabajo como días de descanso, vacaciones y demás que estipulen las partes y la designación de beneficiarios para el pago de los salarios y prestaciones devengadas y no cobradas a la muerte del trabajador o las que se generen por su fallecimiento o desaparición derivada de un acto delincuencial.

Conforme al artículo 20 de la LFT, "se entiende por relación de trabajo, cualquiera que sea el acto que le dé origen, la prestación de un trabajo personal subordinado a una persona, mediante el pago de un salario"; por contrato individual de trabajo, el instrumento legal "por virtud del cual una persona se obliga a prestar a otra un trabajo personal subordinado, mediante el pago de un salario". Asimismo, según el artículo 21 del ordenamiento en cita, "se presumen la existencia del contrato y de la relación de trabajo entre el que presta un trabajo personal y el que lo recibe". Por lo que corresponde a *e-sports*, es sabido que los *gamers* por lo regular son personas jóvenes, pudiéndose dar la condición de que incluso fuesen menores de edad, en cuyo caso, el artículo 22 de la ley laboral establece que los mayores de 15 años y menores de 16 necesitan autorización de sus padres o tutores y, a falta de ellos, del sindicato al que pertenezcan, del Tribunal, del inspector del trabajo o de la autoridad política.

Un *gamer* se vincula con una empresa o equipo de *e-sports* a través de dos posibles vías, a saber, como un empleado, y entonces dicha relación jurídica se regulará al amparo de la LFT, o a través de un contrato de prestación de servicios, y entonces tal relación se regulará a la luz del derecho común por medio de la figura del contrato de prestación de servicios profesionales. Como se sostuvo anteriormente, desde mi punto de vista, un *gamer* puede considerarse como un intérprete de una obra llamada programa de cómputo, por lo tanto, al *gamer* se le podrá vincular jurídicamente en calidad de trabajador o de un prestador de servicios, cuyo perfil de trabajo u objeto contractual resida en representar al empleador en las contiendas de juegos electrónicos y ganar el mayor número posible de juegos o torneos. Fernando Serrano Migallón apunta:

> Como puede verse la relación de trabajo no surge de la consagración de voluntades en un contrato escrito, sino de las características objetivas de la propia relación. Sin embargo, en materia de derechos de autor, a fin de proteger la actividad intelectual de las personas sujetas a las relaciones laborales, dicha relación no se presume, sino que debe constar en documento contractual, de carácter individual y por escrito. Es decir, si bien ha de existir la relación de trabajo objetivamente determinada, debe existir contrato individual de trabajo donde se establezcan las características de la titularidad de los derechos patrimoniales, de lo contrario, se considerará que ambos, empleador y empleado, comparten tales derechos por partes iguales. Por otra parte, cuando la relación jurídica laboral dependa de hechos exclusivamente objetivos sin que medie contrato individual de trabajo, la ley, como resulta propio de la naturaleza de las obras del espíritu concede al trabajador la plenitud del ejercicio y titularidad de los derechos patrimoniales. Asimismo, derivado de la situación de subordinación en que consiste la relación de trabajo, el empleador dispone de la facultad de divulgar la obra, sin autorización del empleado, pero no a la inversa.[171]

La Ley Federal del Derecho de Autor establece lo siguiente en materia de obras realizadas al amparo de una relación de trabajo:

> Artículo 84.- Cuando se trate de una obra realizada como consecuencia de una relación laboral establecida a través de un contrato individual de trabajo que conste por escrito, a falta de pacto en contrario, se presumirá que los derechos patrimoniales se dividen por partes iguales entre empleador y empleado. El empleador podrá divulgar la obra sin autorización del empleado, pero no al contrario. A falta de contrato individual de trabajo por escrito, los derechos patrimoniales corresponderán al empleado.

En la obra realizada bajo la relación de trabajo, el patrón no dispondrá de los derechos morales de la obra, como sería el caso de la obra por encargo.

Finalmente, cabe referir que en ciertas empresas se aplican adicionalmente a los contratos laborales y reglamentos interiores de trabajo suscritos otro tipo de regulaciones, como los códigos de ética o de conducta. Al respecto, el maestro Salvador Camacho comenta:

> Las empresas han optado por la auto-regulación (*rule book*). Los Códigos de conducta de *e-sports* son creados por la comunidad sueca de *e-sports* y contempla reglas de ética, técnicas para mejorar jugadas on-line y off-line (mejoras de "jugabilidad").
>
> Algunos de los principios del Código de Conducta son:
>
> a. No engañar o usar *cheat codes*;
> b. No emplear apodos o insultos entre jugadores (regla *anti-bullying* o *anti-mobbing*);
> c. No amenazar o tratar violentamente a los compañeros.[172]

Notas

[170] Montejano, Bernardino (H), *Curso de derecho natural*, Buenos Aires, Abeledo-Perrot, 1986, p. 13.

[171] Serrano Migallón, Fernando, *El sistema de derecho de autor en México*, México, Porrúa, 2016, pp. 131-132.

[172] Camacho, Salvador, *op. cit.*

8
La obra por encargo

Si bien es cierto que por mucho tiempo ha sido un tema sensible para empleadores en nuestro país ligarse con sus trabajadores a través de una ley laboral, que contempla un principio *in dubia pro laboris*,[173] la ley autoral establece en su numeral 83, la figura de la *obra por encargo*, que establece, a mi juicio, un esquema semejante al de una comisión mercantil, en la que, salvo pacto en contrario, un *comitente* o *encargante* encomienda a un *comisionista* o *creador material*, por medio de una contraprestación, la producción de una obra, gozando aquél de la titularidad de los derechos patrimoniales sobre la obra con las facultades relativas a la divulgación, integridad y colección sobre tales creaciones. El precepto en comentario establece a la letra:

> Artículo 83.- Salvo pacto en contrario, la persona física o moral que comisione la producción de una obra o que la produzca con la colaboración remunerada de otras, gozará de la titularidad de los derechos patrimoniales sobre la misma y le corresponderán las facultades relativas a la divulgación, integridad de la obra y de colección sobre este tipo de creaciones.
>
> La persona que participe en la realización de la obra, en forma remunerada, tendrá el derecho a que se le mencione expresamente su calidad de autor, artista, intérprete o ejecutante sobre la parte o partes en cuya creación haya participado.

De acuerdo con la opinión del doctor Manuel Magaña, el *encargante* es quien concibe la obra, debiendo de ser considerado autor de ésta, mientras que el creador material de la obra, quien no concibe un acto creativo en forma autónoma, recibe un encargo a cambio de una remuneración.[174] En esa tesitura, un comitente encarga la creación de una obra sin entrar al esquema de una relación de trabajo, con los inconvenientes que pueden llegar a generar tales relaciones jurídicas.

Notas

[173] Artículo 18 de la Ley Federal del Trabajo.- En la interpretación de las normas de trabajo se tomarán en consideración sus finalidades señaladas en los artículos 2o. y 3o. *En caso de duda, prevalecerá la interpretación más favorable al trabajador.*

[174] *Cfr.* Magaña Rufino, José Manuel, *Panorama del derecho de autor en México,* España, Reus, 2019, p. 72.

Conclusiones

1. Las primeras competencias de deportes electrónicos tuvieron lugar en 1981 con la consola Atari, y en 1997 con el juego *Red Annihilation.*
2. Los deportes electrónicos son una disciplina deportiva que se despliega competitivamente por personas a nivel profesional sobre un programa de cómputo lúdico, que atrae a aficionados quienes desean admirar las estrategias, estilos y proezas de los competidores en la arena electrónica donde se desarrollan y exhiben dichos deportes.
3. En 2011, los deportes electrónicos se vuelven masivos, no sólo por las personas que practican los deportes electrónicos en forma aficionada y profesional, sino por las multitudes que asisten a auditorios y estadios.
4. Hay cadenas de *e-sports* que transmiten por Internet, como es el caso de ESPN, en Estados Unidos de Norteamérica y Marca en España.
5. Las marcas en *e-sports* podrán proteger desde las denominaciones de los videojuegos, de las *gaming houses,* nombres de *gamers,* razones sociales de empresas o clubes, entre otros.
6. Los avisos comerciales en *e-sports* podrán proteger frases comerciales aplicables a videojuegos, a *gaming houses,* a nombres de *gamers,* a razones sociales de empresas o clubes, entre otros.

7. Los videojuegos sobre los cuales se desarrollan los *e-sports* son programas de cómputo o *softwares,* conforme al artículo 101 de la Ley Federal del Derecho de Autor.
8. Los jugadores de *e-sports* pueden considerarse una especie de "artistas intérpretes" y, por lo tanto, titulares de derechos conexos, ya que ejecutan una actuación usando su cuerpo en un videojuego y, partiendo de la base de que un programa de cómputo se equipara por ley a una obra literaria, y un *gamer* actúa sobre una obra llamada programa de cómputo (videojuego), dichos sujetos ejecutan una actuación personalísima en la que se suelen involucrar astucia, creatividad, pericia, estrategias y estilos.
9. La Reserva de derechos puede proteger prácticamente cualquier actividad relacionada con *e-sports.*
10. En ciertos casos, para incrementar la popularidad de los videojuegos, aparecen las imágenes de personajes famosos, por lo que su uso será protegible a través del derecho a la propia imagen.
11. La imagen de los *gamers* será susceptible de protección a través del derecho a la propia imagen.
12. Un *gamer* podrá vincularse con una empresa o equipo de *e-sports* a través de un contrato de trabajo o de un contrato de obra por encargo.

Bibliografía

Legislación consultada

Agenda Mercantil 2021, México, ISEF.
Agenda Civil del Distrito Federal 2022, México, ISEF.
Agenda de la Propiedad Industrial 2021, México, ISEF.
Constitución Política de la Ciudad de México 2017, México, Porrúa.
Ley Federal del Trabajo 2019, México, ISEF.
Régimen Mexicano de la Propiedad Intelectual, México, Legis, 2005.
Régimen Mexicano del Derecho Civil, México, Legis, 2006.

Obras consultadas

ANCONA GARCÍA-LÓPEZ, Arturo, *El derecho de autor en la obra audiovisual*, México, Porrúa-Universidad Anáhuac, 2012.

AYLLÓN GONZÁLEZ, María Estela y GARCÍA FERNÁNDEZ, Dora (coords.), *Temas selectos de derecho corporativo*, México, Porrúa-Universidad Anáhuac, 2000.

________, *Nuevos temas de derecho cor*porativo, México, Porrúa-Universidad Anáhuac, 2003.

BARRERA GRAF, Jorge, *Instituciones de derecho mercantil*, México, Porrúa, 2000.

BURGOA ORIHUELA, Ignacio, *Las garantías individuales*, México, Porrúa, 1994.

CAMACHO, Salvador, Apuntes de la materia "E-sports", Maestría en Propiedad Industrial, Derechos de Autor y Nuevas Tecnologías, Módulo: Nuevas Tecnologías, México, Universidad Panamericana, diciembre de 2017.

CASTREJÓN GARCÍA, Gabino Eduardo, *El derecho marcario y la propiedad industrial,* México, Cárdenas Editores, 2003.

CHALOUPKA, Pedro, *Derechos intelectuales,* vol. 3: *La propiedad de las ideas,* Buenos Aires, Astrea, 1988.

CIENFUEGOS SALGADO, David, "La protección civil de la persona humana en México", *Revista de Investigaciones Jurídicas,* México, 2000.

DE LA PARRA TRUJILLO, Eduardo, Apuntes de la materia "Derecho de la imagen", Especialidad en Derecho de la Propiedad Industrial e Intelectual, México, Universidad Panamericana, julio de 2012.

ESCRICHE, Joaquín, *Diccionario razonado de legislación y jurisprudencia,* México, Manuel Porrúa Hnos., 1979.

FIX ZAMUDIO, Héctor, "Las repercusiones en los ámbitos interno e internacional de la reforma constitucional mexicana sobre derechos humanos del 10 de junio de 2011", *El derecho laboral burocrático y el Tribunal Federal de Conciliación y Arbitraje. Ensayos temáticos,* México, SEGOB-TFCA, 2013.

GARZA BARBOSA, Roberto, *Derechos de autor y derechos conexos,* México, Porrúa, 2009.

GALLEGOS, Germán, Apuntes de la materia "La empresa y el Tratado de Libre Comercio", Maestría en Derecho Corporativo, México, Universidad Anáhuac, 2000.

GUTIÉRREZ Y GONZÁLEZ, Ernesto, *El patrimonio,* México, Porrúa, 2013.

________, *Derecho de las obligaciones,* México, Porrúa, 2005.

JALIFE DAHER, Mauricio, *Comentarios a la Ley de la Propiedad Industrial,* México, Porrúa, 2009.

________, *Competencia desleal,* México, Porrúa, 2008.

________, *La nueva Ley Federal de Protección a la Propiedad Industrial,* México, Tirant Lo Blanch, 2020.

LIPSZYC, Delia, *Nuevos temas de derechos de autor y derechos conexos,* Buenos Aires, Unesco-Cerlac-Zavalia, 2004.

LOREDO HILL, Adolfo, *Derecho autoral mexicano,* México, Porrúa, 1982.

MAGAÑA RUFINO, José Manuel, *Derecho de la propiedad industrial en México,* México, Porrúa, 2010.

________, *Las marcas notoria y renombrada en el derecho internacional y mexicano,* México, Porrúa-Universidad Panamericana, 2011.

________, Apuntes del módulo "Introducción al derecho de la Propiedad Industrial e Intelectual", Especialidad en Derecho de la Propiedad Industrial e Intelectual, México, Universidad Panamericana, enero de 2012.

________, *Panorama del derecho de autor en México,* España, Reus, 2019.

________ (coord.), *Estudios en materia de propiedad industrial e intelectual,* México, Novum, 2015.

MANTILLA MOLINA, Roberto L., *Derecho mercantil,* México, Porrúa, 2000.

MONTEJANO, Bernardino (H.), *Curso de derecho natural,* Buenos Aires, Abeledo-Perrot, 1986.

OBÓN LEÓN, J. Ramón, *Derecho de los artistas intérpretes, actores, cantantes y músicos ejecutantes,* México, Trillas, 1990.

________, *La publicidad y el derecho de autor,* México, Tirant Lo Blanch, 2013.

OTERO MUÑOZ, Ignacio y ORTIZ BAHENA, Miguel Ángel, *Propiedad intelectual,* México, Porrúa, 2011.

OMPI, *El secreto está en la marca,* núm. 1: *La propiedad intelectual y las empresas,* publicación de la OMPI núm. 900, Suiza, 2003.

OMPI, *Guía sobre los Tratados de Derecho de Autor y Derechos Conexos administrados por la OMPI,* capítulo 7: "Glosario de términos y expresiones sobre derecho de autor y derechos conexos", publicación de la OMPI, 2004.

PARETS GÓMEZ, Jesús, *Teoría y práctica del derecho de autor,* México, Sista, 2012.

________, *El proceso administrativo de infracción intelectual*, México, Sista, 2007.

________, *Originalidad, creatividad y registro del derecho de autor*, México, Sista, 2018.

PÉREZ MIRANDA, Rafael J., *Derecho de la propiedad industrial*, México, Porrúa, 2006.

PÉREZ LUÑO, Antonio E., *Los derechos fundamentales*, Madrid, Tecnos, 2004.

RANGEL MEDINA, David, *Panorama del derecho mexicano: derecho intelectual*, México, McGraw Hill, 1989.

________, *Derecho de la propiedad industrial e intelectual*, México, UNAM, Instituto de Investigaciones Jurídicas, 1996.

RANGEL ORTIZ, Alfredo, Apuntes del módulo "Marcas, nombres y avisos comerciales", Especialidad en Derecho de la Propiedad Industrial e Intelectual, México, Universidad Panamericana, marzo de 2012.

REYES LOMELÍN, Arturo David, *La protección de la marca registrada mediante acciones civiles*, México, Porrúa, 2003.

REYES LOMELÍN, Arturo, "El artículo 89 constitucional y las patentes en México", en Magaña Rufino, José Manuel (coord.), *Estudios en materia de propiedad industrial e intelectual*, México, Novum, 2015, p. 401.

RICO ÁLVAREZ, Fausto *et al.*, *Introducción al estudio del derecho civil y personas*, México, Porrúa, 2018.

RODRÍGUEZ, Gabriela *et al.*, *Interpretación conforme. Metodología para la enseñanza de la reforma constitucional en materia de derechos humanos*, México, Comisión Interamericana de Derechos Humanos, SCJN, ONU, 2013.

ROMANI, José Luis, *Propiedad industrial y derecho de autor*, Barcelona, Bosch, 2002.

SECRETARÍA DE GOBERNACIÓN (coordinadora), *Ensayos temáticos "el Derecho Laboral Burocrático y el Tribunal Federal de Conciliación y Arbitraje"*, México, Segob, 2013.

SERRANO MIGALLÓN, Fernando, *El sistema de derecho de autor en México*, México, Porrúa, 2016.

SILVA MEZA, Juan N. y SILVA GARCÍA, Fernando, *Derechos fundamentales*, México, Porrúa, 2009.
SOLORIO PÉREZ, Óscar Javier y AGUILAR NAVARRO, Carlos Omar (coords.), *Transferencia de tecnología y derecho*, México, Tirant Lo Blanch, 2017.
VÁSQUEZ DEL MERCADO, Oscar, *Contratos mercantiles*, México, Porrúa, 1994.
VIASCÁN CASTILLO, Claudia del Carmen, *Derechos de autor sobre los personajes de caracterización humana*, Porrúa-Escuela Libre de Derecho, 2017.
VIÑAMATA PASCHKES, Carlos, *La propiedad intelectual*, México, Trillas, 1998.

Otras fuentes de Internet

"Drug Testing is Coming to E-Sports", disponible en: *https://www.nytimes.com/2015/07/24/technology/drug-testing-is-coming-to-e-gaming.html*
"Evolución anual del número de jugadores activos en las competiciones de videojuegos a nivel mundial entre 2007 y 2022", disponible en: *https://es.statista.com/estadisticas/714337/numero-de-jugadores-de-esports-activos-en-el-mundo/*
"Historia de los videojuegos", disponible en: *https://histinf.blogs.upv.es/2012/12/14/historia-de-las-consolas/*
"No comen, no duermen... por la adicción a los videojuegos", disponible en: *https://www.unotv.com/noticias/portal/investigaciones-especiales/detalle/no-comen-no-duermen-por-la-adiccin-a-los-videojuegos-490679/*
"The celebrity millionaires of competitive gaming", disponible en: *https://www.youtube.com/watch?v=of1k5AwiNxI, https://www.youtube.com/watch?v=XIJwITC2DeU, https://www.youtube.com/watch?v=7zb9OpNbBbU, https://www.youtube.com/watch?v=xiTC2DXqtNM&t=601s, https://www.youtube.com/watch?v=R8mj1kTT4hk*

www.ingramcontent.com/pod-product-compliance
Lightning Source LLC
LaVergne TN
LVHW010931051026
849532LV00003B/946

* 9 7 8 6 0 7 6 9 9 8 9 9 1 *